Mit fast 60 ist Manfred Krug noch einmal Vater einer unehelichen Tochter geworden. Seine Frau Ottilie ahnt, dass es eine Geliebte gibt, aber niemand weiß von dem Kind, zu dem Krug eine innige Beziehung entwickelt. Zur selben Zeit verschlechtert sich die Gesundheit seines Lebensfreundes Jurek Becker. Ein Lichtblick dagegen ist die Veröffentlichung von »Abgehauen«, dem legendären Buch über seine Ausreise aus der DDR 1977, deren populärster Künstler Krug war. Im März 1997 stirbt Jurek Becker, und drei Monate später erleidet Manfred Krug einen schweren Schlaganfall. Am Krankenbett begegnen sich Ehefrau und Geliebte samt Tochter. Was dann geschah, trägt Manfred Krug minutiös in seinem Tagebuch ein. Dessen Veröffentlichung stellt nichts weniger als eine Sensation dar.

Manfred Krug, geboren am 8.2.1937, war in der DDR und später in der Bundesrepublik ein gefeierter Schauspieler, Sänger und Autor. Er schrieb mehrere Bücher, darunter den Bestseller »Abgehauen«. Manfred Krug starb am 21. Oktober 2016 im Alter von 79 Jahren.

Krista Maria Schädlich übersiedelte 1977 mit ihrer Familie aus der DDR in die Bundesrepublik. Danach war sie als Lektorin in verschiedenen Verlagen tätig. Als enge Vertraute von Manfred Krug betreute sie alle seine Bücher. Seit 2007 freie Lektorin und Herausgeberin. 2019 schrieb sie zusammen mit Uschi Brüning das Buch »So wie ich«

Manfred Krug *Ich sammle mein Leben zusammen*

Tagebücher 1996–1997

Herausgegeben und mit einem
Nachwort von Krista Maria Schädlich

96/97

kanon verlag

ISBN 978-3-98568-117-4

1. Auflage 2024

Umschlaggestaltung: Ingo Neumann / boldfish.de
Unter Verwendung einer Fotografie von Elke Petra Thonke
Herstellung: Daniel Klotz / Die Lettertypen
Satz: Marco Stölk
Druck und Bindung: Pustet, Regensburg
Printed in Germany

www.kanon-verlag.de

»Jeder über fünfzig sollte ein Tagebuch führen, weil er dann mehr erlebt.«

Manfred Krug am 4. August 1997

1996

Sa 13.1.96

Ich war mit Otti, Daniel, seiner Petra, Ottis Schwester Leonore und ihrem Mann Dieter, Fine und ihrer Freundin im Offtheater »Reissverschluss«, um mir Fanny in einer Rumpf-»Möwe« anzuschauen.

Anschließend nach Hause. Dort hübsche Tafel für alle außer Josephine und Freundin.

Ich hatte mit meiner Petra verabredet, daß sie mit Marlene in meiner Wohnung gegenüber auf mich wartet. Dort saß sie, nur mit Unterwäsche bekleidet, im Ledersessel, das Kind lag auf dem Fußboden, als plötzlich Ottilie ohne mein Wissen hereinkam, um Butter aus meinem Tiefkühlfach zu holen. Damit war es passiert: Otti war Petra und dem Kind begegnet.

Wenige Minuten später war auch ich in die kleine Wohnung hinübergegangen, um den Andruck des Schutzumschlags für mein Tagebuch[1] zu holen. Ich wollte es zeigen. Petra sagte, was geschehen war. Ich ging wieder hinüber und brachte den Abend in Würde zu Ende. Auch Otti schien gefaßt.

Um drei Uhr früh gingen Daniel und seine Petra. Otti und ich verabschiedeten uns sehr lieb voneinander. Ich fragte sie, ob sie Leonore beim Abschied etwas erzählt habe. Nein, sagte Otti. Wir sollten uns morgen in Ruhe unterhalten, sagte ich. Es gäbe nichts zu unterhalten, ihre Butter sei einfach alle gewesen. Sie sei nicht drauf gekommen, daß eine solche Begegnung möglich gewesen wäre. Von dem Baby kein Wort.

Zum ersten Mal war Otti ohne mein Wissen in meine Wohnung gegangen, während ich drüben bei ihr war. Und gleich dieses Desaster.

Ich schrieb ihr ein paar Zeilen, die ich unter ihrer Tür durchschob, bevor ich zu Bett ging.

---

[1] Die Rede ist von »Abgehauen. Ein Mitschnitt und ein Tagebuch«.

»Meine liebe Otti, wenn Du es über Dich bringen kannst, dann laß uns wenigstens zwei Tage Schweigen bewahren. Dann können wir ja drüber reden und gemeinsam entscheiden, was das vernünftigste Verhalten wäre.
Und wenn es geht, rede auch mit Deinen Schwestern nicht. Einmal drüber geredet, ist wahrscheinlich schon falsch.
Also zwei Tage.
Bleib cool, meine Liebe.
Nichts ist anders, als es bisher war, außer daß ich gleich sechzig bin, und Du fünf Jahre jünger ...
Montag denken wir über das Beste nach.«

Petra war mit dem Kind schon längst hinten im Bett und schlief, als ich rüberkam. Ich habe sie nicht geweckt, hab noch eine Flasche Bier getrunken, in die Glotze gekuckt und mich geärgert.

So 14.1.96

Jurek fragte mich, ob Fannys Theaterkunst beeindruckend gewesen sei. Ich erklärte mich als Vater für befangen und machte den Vorschlag, Fanny erst einmal in nur einer Folge von »Liebling Kreuzberg« auftreten zu lassen. Wenn sie uns dann gefiele, könnten wir sie später in einer nächsten Staffel öfter vorkommen lassen.

Abends Aussprache mit Otti. Wir einigen uns, am Status quo nichts zu ändern, gestehen einander unsere gute alte Liebe.

Das Kind hatte sie offenbar, als sie gestern Abend Petra in der Werkstatt in Unterwäsche hatte sitzen sehen, NICHT BEMERKT.

Verrückt. Durch den Schreck hat Otti offenbar nur eine »Tunnelwahrnehmung« gehabt, wie wenn jemand durch ein zusammengerolltes Papierröhrchen kuckt.

Abends Petra mit Kind zu Besuch. Kind lacht viel, macht täglich allerlei Fortschritte, erkennt, aus welcher Richtung die Stimme kommt, und fixiert den Sprecher. Marlene kommt mir ihren Gleichaltrigen weit voraus vor, wie jedem Vater sein Kind. Petra ist eine vorzügliche, duldsame, liebende, treusorgende, alles verzeihende, alles verstehende, alles beobachtende Mutter. Sie sagt, ein Jahr lang werde erst einmal gnadenlos »verwöhnt«, das könne nur nützen. Eigentlich gehöre das Menschenkind ja noch ein Jahr lang in den Bauch, so lange sei es Fötus und müsse in diesem unfertigen Zustand jeden Bonus bekommen.

Mo 15.1.96

Nachmittags bei Jurek im Krankenhaus gewesen. Jurek sagt, er habe keine Lust, Besucher zu trösten und seine Krankheit herunterzuspielen, das sei anstrengender, als sie zu erdulden. Ich habe ihm den Schutzumschlag für mein Tagebuch »Abgehauen« gezeigt, er hat ihm gut gefallen.

Ti hat ihren Damenabend mit Kartenspiel und Small talk. Sie ist so großartig, daß es mir das Herz zerreißt.

Abends im Fernsehen den Film »Fahrstuhl zum Schafott« gesehen. Die unplausibelste Sache bei der Story ist, daß der Kerl den Strick auf dem Balkon hängen läßt. Aber in dem Film kommt noch ein anderer Fahrstuhl vor, nicht der zum Schafott, ein alter Pariser Fahrstuhl. Dessen oben sichtbare Maschine, das Drahtseil, das Umlaufrad, alles ist frei im Treppenhaus montiert. Jeder kann sich Zugang verschaffen. Wie arglos die Menschen einmal waren. Wie arglos zu sein sie sich einmal leisten konnten.

Frei 19.1.96

Das große und das kleine Kind waren zu Besuch. Sie ist am 19.9.1995 um 9.54 geboren, also erst vier Monate alt.

Sie begrüßt mich immer mit dem breitesten Lächeln, dessen sie nur fähig ist, und als Schauspieler muß ich sagen: sie macht fast zu viel.

Julius, mein Enkel, fünf Jahre älter als meine Tochter, war heute drüben zu Besuch. Zum ersten Mal begrüßte er mich mit Handschlag, Küßchen und »Guten Tag, Opa«.

Ich konnte mich nicht enthalten zu sagen: »Hat die Oma dir gesagt, du sollst den Opa anständig begrüßen?«

»Ja«, sagte er ohne Zögern, und das hat mir gut gefallen.

Ich habe heute Sauerkraut mit Kartoffeln und Blutwurst gekocht. Drüben gab es zu Mittag frisch totgeschlagene Bratforellen. Julius aß nicht mit, er aß eine Teewurstschnitte und dazu eine Banane, immer im Wechsel abbeißend. (!)

Ich habe zwei Einladungen abgelehnt. Die Talk Show »Talk im Turm« mit der Begründung, daß ich dem Moderator Böhme nicht den Schmutzartikel in seiner »Berliner Zeitung« verzeihen würde, wonach ich ein Miethai in Berlin bin. Er hat diesen Artikel zwar nicht geschrieben, aber verhindert hat er ihn auch nicht. Es wäre um den Brandanschlag in Lübeck gegangen, über den sich alle empören.

Wir brauchen eine vernünftige Justiz, Brandschutz in Asylen, brandsichere Häuser für Asylanten mitten in den Städten, bereitliegende Sprungtücher, Strickleitern und ähnliches.

Die andere Einladung, zu Fritz Egners Unterhaltungssendung »XXO – Fritz & Co«, habe ich abgelehnt, weil das die größte Prominentenverschleißmaschine des Fernsehens ist (SAT.1): pro Sendung werden neun »Prominente« in einem illuminierbaren großen »Weihnachtskalender« verbraten. Stammt aus Amerika. Scheußlich doof.

So 21.1.96

War von 16.30 Uhr bis 18.30 Uhr bei Jurek im Krankenhaus. Wir haben dann allein über das Schreiben und über eine andere Einstellung zum Leben gesprochen. Ermahnung an ihn, sich selbst niemals mehr so unter Druck zu setzen und niemandem zu gestatten, das zu tun. Weniger schreiben. Das Schreiben abbrechen, sobald es ohne Genuß geschieht. Wir Künstler, fanden wir gemeinsam heraus, sind in der wunderbaren Lage zu »spielen«. Wir sprachen über Picasso. Die Schauspieler seien nicht so gut dran, aber alle autarken Künste wie Komposition, Schreiben, Malen hätten ihren spielerischen Reiz vor allem darin, daß der Künstler entscheiden müsse, was er von dem Geschaffenen »stehenlassen« wolle und was nicht.

Jurek: »Ich sage das nicht gern: du solltest nicht im ›Tatort‹ singen.«

Ich: »Warum nicht?«

Jurek: »Du hast als Sänger eine eigene Karriere gehabt, du machst dich klein. Die Zeitungen werden mit Häme von dem spärlichen Vergnügen berichten, dich im ›Tatort‹ singen zu hören ...«

Ich: »Die Zeitungen sind mir endgültig schnurz. Ich mache, was mir gerade einfällt. Ich bin gleich sechzig. Die Idee dazu kam nicht einmal von mir, sondern von der zuständigen Redakteurin (NDR, Heinze). Es handelt sich um winzige Bonbönchen und nicht um wuchtige Musikeinlagen. Ich finde es nett, daß wir die einzigen musizierenden Kommissare im ›Tatort‹ sind. Sonst wären wir nur Leichenbeschauer wie all die anderen.«

Das war's. Jurek versucht es öfter, seine liebsten Menschen vor Schaden zu bewahren. Und zwar grundsätzlich. Mich hat er schon vor manchem gewarnt, am heftigsten vor den Gefahren des Alkohols.

Abends bei Otti geschmorten Ochsenschwanz gegessen. Famos. Dann mit ihr bis 22 Uhr in 3sat einen Bericht über Funkerinnen gesehen, die im Zweiten Weltkrieg aus der Schweiz in die SU gefunkt haben und noch nach dem Krieg von Schweizer Gerichten dafür verurteilt worden sind. Da-Meensch-is-a-Sao.

Ich kann mich nicht erinnern, je mit so großer Lustlosigkeit zur Arbeit gefahren zu sein wie diesmal zu dem Tatort »Das andere Leben«[2]. Morgen abend fliege ich um 21.00 Uhr nach Hamburg, um dort im Hotel »Marriott« abzusteigen. Zwei Tage habe ich vornehmlich mit Schlafen verbracht; so kommt es mir vor. Ich erschlaffe zusehends. Meine »N****«[3] habe ich an einem Abend mit dem Zuse[4] geschrieben, das ist eine große Erleichterung.

Mo 22.1.96

Eine Stunde vor Abfahrt nach Hamburg. Würg.

Nachdem die Firma Aral mit mir werben wollte, ich sollte als »Auf Achse«-Spezi mit meiner Mütze Reklame für eine Abbuchungskarte für Lkw-Fahrer beim Dieseltanken machen, und ich die Werbeagentur BBDO gefragt habe, was sie sich denn Schönes ausgedacht hätten, ob sie eine Konzeption hätten, vielleicht gar einen halbwegs künstlerischen Einfall, da haben sie mir geschrieben, die Sache hätte sich erledigt.

Ebenso die Firma Jacobs Kaffee. Ich habe ihnen gesagt, daß die Funkspots, die ihnen eingefallen sind, unter aller Würde seien. Da sollten sie sich mehr Mühe geben, ich hätte keine Lust, mich künstlerisch zu blamieren, auch in der Werbung nicht. Seitdem habe ich von denen auch nix mehr gehört.

Jetzt habe ich einen Brief von ADVOCARD, die mich damals so elegant haben abperlen lassen. Sie könnten sich vorstellen, mal wieder was zu machen, so ähnlich wie damals. Damals haben sie gerade 3 Zeilen zum Abschied zustandegebracht. Dann haben sie eine lauwarme Doofheitsreklame mit »jungen Menschen« gemacht. Dann wird ihr Umsatzdiagramm in den Keller gezeigt haben. Und jetzt kommen sie ganz klein wieder an. Kapitalisten

---

2 Ausgestahlt am 23.02.1997 unter dem Titel »Ausgespielt«.

3 Manfred Krug verwendet hier das N-Wort als früher gängigen Begriff für schwarze Schrifttafeln bzw. große Notizzettel, die bei Filmdrehs als Erinnerungshilfe zum Einsatz kommen. Der Verlag hat sich entschlossen, das Wort nicht auszuschreiben.

4 Die ersten von Konrad Zuse erfundenen mechanischen Rechner beziehungsweise Computer wurden »Zuse« genannt.

haben keinen Stolz. Die haben nur Umsatz oder keinen Umsatz. Wir wollen uns in Hamburg, wo ihr Sitz ist, treffen.

Heute mit Matthias Thalheim vom MDR Leipzig telefoniert. Gesagt, daß ich gestern das Tagebuch »Abgehauen« an ihn abgeschickt habe. Gesagt, daß man vielleicht das ganze Buch liest und als Zeitdokument in den Keller legt. Das kann er sich vorstellen. Ich auch. Ich muß aufpassen, daß ich am Verkauf an andere Sendestationen beteiligt bin, als Autor sowohl wie als Sprecher. Alle hauen dich übers Ohr. Verbrecherbande.

Frei 26.1.96

Die erste Woche »Tatort« ist vorbei. Ich hatte meiner Redakteurin Doris Heinze beiläufig beim Mittagessen gesagt, daß ich demnächst ein Buch veröffentlichen würde. Drauf sie: »Das werde ich gleich dem Zilligen sagen, der macht vielleicht einen Beitrag in ›Kulturreport‹ oder sogar im ›Bücherjournal‹.« Ich fand das beinahe eine Ehre für mich und bedankte mich artig.

Schon am nächsten Tag lief die Maschine an. Man schickte ein Kamerateam zum Drehort, die filmten in eisiger Kälte: mich im Auto, mich im Freien, mich am eisbedeckten Hafenbecken. Der nach dreizehn Jahren kälteste Tag in Hamburg. Einen Tag später in Berlin sollte eine Frau kommen und einen Sieben-Minuten-Beitrag für »Kulturreport« machen. Von alledem hatte der ECON Verlag Wind gekricht. Großes Theater. Das wäre grundfalsch, verschossen, kein Zuschauer könne sich das merken. Man könne das Buch noch nicht kaufen, was solle also diese viel zu frühe Reklame? Eine Stunde mußte ich telefonisch meinen Fehler wiedergutmachen. Zilligen, der Redakteur des »Bücherjournals«, war nicht zu erreichen. Sein Stellvertreter, ein Yuppie unter dreißig, wollte aber unbedingt eben das Tagebuch »Abgehauen« ankündigen. Er schlug einen kessen Ton an, der mich abstieß. Ich war kurz davor hinzuschmeißen, rief die Frau vom »Kulturreport« an und sagte ihr, sie könne zu Hause bleiben. Darauf muß sie den Stellvertreter angerufen und ihm meinen Unwillen berichtet haben. Darauf rief er mich an und quälte sich eine yuppiemäßige Entschuldigung ab. Schließlich kam die Frau doch noch mit einem Kameramann und einem Tonmann, wir machten ein Kurzinterview, und ich las eine kleine Geschichte und ein paar Gedichte vor. Etwa dreißig Minuten Material. Übermorgen, am Sonntagabend um 21.45 Uhr, sollen sieben Minuten davon kommen, im »Kulturreport«. Mal sehen, was daraus wird.

Sa 27.1.96

Marlene zeigt deutlich, daß sie schon weiß, was »Hoppe hoppe Reiter« bedeutet. Bei »… fällt er in den Sumpf …« ist sie gespannt, was diesmal mit ihr geschehen wird, wenn es heißt: »… macht der Reiter pluuuuummmmms!« Kaum ist es vorbei, zappelt sie los, damit das Spiel wiederholt wird. Eine Neuigkeit.

Mit Jurek telefoniert, der heute zum ersten Mal wieder zu Hause an seinem Schreibtisch saß. Will ihn morgen mit Ottilie kurz besuchen. Er hält sich noch sehr zurück, läßt niemanden zu sich. Bald will er mit seiner Familie für vierzehn Tage nach Sieseby fahren.

So 28.1.96

Ti abends zu Elke.

Marlene hat was Neues: sie liegt auf dem Rücken und schleudert ihren beängstigend großen Kopf hin und her, eine weitere Erfindung, die ihr offenbar Freude macht. Marlene hat nur wenige dünne Haare. Peti sagt, das komme alles zu seiner Zeit, und der Kopf des Kindes sei groß, aber nicht zu groß. Bei zwei großköpfigen Eltern sei kein anderer Kopf bei dem Kind zu erwarten gewesen.

Im »Gong« gibt es unter »Kulturreport« eine Telefonnummer, die man um genauere und aktuellere Auskünfte wählen kann. Dort angerufen. Hier wie auch im heutigen Teletext auf dem

Bildschirm unter »Kulturreport« nur die Auskunft, daß Manfred Krug zu sehen sein wird. Da sieht man's, ein wichtiges Männeken, egal, was es treibt.

Nachmittags mit meinem Vater telefoniert, der sich mild und zart anhörte und sich über den Anruf gefreut hat. Sagt er.

Gutes Verhältnis zu Ottilie, die sich taktvoll und schonend verhält, wie auch ich mich verhalte zu den Schonenden.

Abends »Kulturreport«. Mein Beitrag war der erste. Ganze fünf Minuten. Hochkünstlerisches Filmgeschnipsel. Die »Romanze« nicht gebracht, dafür die volkstümlichsten unter den Gedichten.

Leichte Häme nicht zu überhören. Von den versprochenen sieben Minuten noch zwei gekürzt. Ein schreibender Schauspieler ist wohl so was wie ein singender Fußballtorwart. Selbst hören und sehen, was gut genug ist, das ist nicht gerade das, was Kulturredakteure können.

Sa 3.2.96

Gestern abend zum Wochenende nach Hause gekommen. Ti bei ihrem wöchentlichen Kartenabend. Peti und Marlene zu Besuch. Das Kind übt höchste Quietschtöne, lacht übers ganze Gesicht, kann sich, auf dem Rücken liegend, wie ein Uhrzeiger ganz herum drehen. Wehe, wenn sie Hunger, Durst oder Bauchgrimmen hat, dann schreit sie mit einer Lautstärke, die ich noch von keinem Baby gehört habe. Selten ein charmanteres Baby gesehen.

Am 30. Januar Treffen in der »Schlachterbörse« in Hamburg mit den beiden einzigen Vorstandsmitgliedern von ADVOCARD. Sehr gutes, frisches Fleisch in dem Lokal, wenn auch teuer. Habe zur Hälfte Kalbsnieren und Filetspitzengulasch gegessen. Vorzüglich. Um Punkt 21.00 Uhr verschwanden alle Hamburger, als wären sie verscheucht worden, aus der Kneipe. Dieses Phänomen der hamburgischen Selbstkasernierung habe ich in der Stadt schon öfter beobachtet. Ab dann saßen wir allein. Einigung per Handschlag, drei weitere Jahre Fernsehwerbung für ADVOCARD. Es sollen die alten Spots verwendet werden.

Am 1. Februar abends im Hotel Anruf von Thalheim, Kulturredakteur des MDR-Radios in Leipzig. Dazu bestätigendes Fax: sie wollen das ganze Tagebuch auf Band aufnehmen, in sieben halbstündigen Folgen. Außerdem wollen sie ein paar Geschichten aufnehmen. Original-Faxtext Thalheim: »Unser Kollektiv, Schweinegezadder, Romanze und Herr Oswald möchten wir bald als eine weitere wunderwürdig merksame Halbstunden-Lesung folgen lassen.«

Das Schauspielerhonorar wird Wiederholungshonorare bringen, das »Dichterhonorar« muß bei jeder Wiederholung neu ausgehandelt werden.

Heute an die Herren von »Kulturreport« einen mäkligen Brief geschrieben und klargestellt, daß das überschüssige Material nicht später zu irgendeiner anderen Gelegenheit verwendet werden darf. Damit habe ich mir in der Redaktion das Wasser für ein »Bücherjournal« endgültig abgegraben. Macht nichts. Viel Feind, viel Ehr.

Heute sind die Druckfahnen von »Abgehauen« gekommen. Ich staune, wie viele teils neue Fehler sich darin finden. In gespielter, völlig übertriebener Verärgerung angerufen und mich empört. Es ist gut, wenn man gleich bei der ersten Gelegenheit scharf rangeht, sonst tanzen einem diese Computersetzer auf der Nase herum. Ich hab keine Lust, wie ein Oberlehrer die Fahnen nach Flüchtigkeitsfehlern zu durchsuchen. Es gibt schönere Fehler.

Beim Drehen sprach ich mit dem Regisseur, der mir, so als Typ, immer besser gefällt, auch über schreibende Schauspieler. Tags darauf brachte er mir drei Schauspielerbücher mit. Ida Ehre: »Gott hat einen größeren Kopf, mein Kind« mit einem Geleitwort von Altbundeskanzler Helmut Schmidt im Rowohlt Verlag. Sie beschreibt darin unter anderem die Irrfahrten und den Irrsinn, den sie als Jüdin im Dritten Reich erdulden mußte. Dann Horst Frank: »Wenn ich im Spiegel mich beschau …«, Gedichte im R. G. Fischer Verlag, richtig gearbeitete Reimgedichte mit Illustrationen von der Schauspielerin Simone Rethel, nicht unbedingt ein Muß für Lyrik- und Vignettenfreunde. Aber das absolut Blödeste, was ich in meinem ganzen Leben gesehen habe, ist der Roman »Bitterer Kaffee« von Klausjürgen Wussow.

In der Nacht Teile aus der ersten Folge von »Klinik unter Palmen« mit Wussow gesehen. War sicher ein schöner Drehort.

Ti abends bei Elke Thonke. Peti & Kind zu Besuch. Kind eine einzige Wonne.

Mi 6.3.96

Abends nach dem Drehen mit Dr. Rolf Rietzler vom »Spiegel« verabredet. Wir essen gemeinsam etwas Schlechtes, Rietzler will im »Spiegel« in zwei Folgen das auf ca. 25 % seines Umfanges zusammengeraffte Buch vorabdrucken. An den »Mitschnitt« darf er nicht ran. Das ist doch was.

Die ganze Sache paßt freilich in die politische Landschaft. In Berlin haben ein paar alte SED-Säcke mit Egon Krenz an der Spitze ein sentimentales FDJ-Fest gefeiert, die PDS feiert ihre guten Wahlergebnisse, General Kessler und andere Wichtigtuer lassen ihre Memoiren drucken, viele Leute erinnern sich an die DDR vor allem als an einen Arbeitsplatz. Da ist mein Buch ein Schlag mitten auf die Zwölf, ein Stopper, ein Eimer Wasser auf die fickenden Hunde.

Rietzler zeigt mir schon die Druckfahnen und fragt, ob mir die Textauswahl, die er getroffen habe, gefalle. Ich spare mir eine

Lesung und sage ihm, so viel Vertrauen müsse sein, Text auswählen sei schließlich sein Job, im übrigen könne nichts passieren, weil mir eigentlich alle Passagen aus dem Buch gefielen, die eine sei mir so recht wie die andere. Rietzler wundert sich ein bißchen über meine Selbstsicherheit. Was soll ich machen. Er fragt mich beiläufig, was ich gegen den Verdacht zu tun gedenke, daß andere Leute für mich das Buch geschrieben haben könnten. Dagegen wolle ich nichts tun, sage ich.

Mo 18. 3. 96

Der »Spiegel« erscheint mit dem Titel »Nulltarif für Trick-Reiche«. Rechts unten quer über dem Titel ein blaues »Bändchen« mit dem Text »Manfred Krug: Abrechnung mit der DDR«. Drinnen sechs Seiten mit tollen Fotos, die teils aus meinen privaten Alben stammen. Ritterschlag.

Zustimmung und freundliche Reaktionen von vielen Leuten.

Mo 25. 3. 96

Heute den Tatort »Parteifreunde« beendet. Eine Maschine früher schon nach Berlin geflogen, dadurch dem Blumenabschied entgangen, den Charly Schöps mir aus Dank für die hohe Einschaltquote bereiten wollte. Wir hatten nämlich 9,5 Millionen Zuschauer bei einem Marktanteil von 30 %, als am 24. März der Tatort »Tod auf Neuwerk« lief. Regisseur Helmut Förnbacher hatte zwanzig Minuten zu viel Film gedreht, als hätte er noch nie eine Stoppuhr gesehen, mit dem Ergebnis, daß nach dem Herausoperieren des »Überflüssigen« kein Mensch die ohnehin verwickelte Mordgeschichte mehr verstehen konnte. Das war den Leuten aber egal. Die Leute amüsierten sich mit Brauers und meinen Witzchen und mit unserem gemeinsamen Gesang, der erstmals ertönte: »Somewhere Over The Rainbow«. Ein schöner »Tatort«-Erfolg. Es wirkt sich mehr und mehr aus, daß wir Doris Heinze und Kerstin Ramcke haben, die genug brauchbare Drehbücher entwickeln.

Ein junger Mann von »Spiegel TV«, wach und freundlich, hat sich vor ein paar Tagen gemeldet, er wolle einen Beitrag für seine Sendung machen, vielleicht sogar länger als gewöhnlich, es könne dem Buch nicht schaden usw. Ich stimmte zu, wenn sein Chef, Herr Aust, bereit sei, ein Honorar zu zahlen. Der junge Mann schien verblüfft. Reklame für ein Buch machen, und dann noch zahlen? Das hatten sie noch nicht. Das sei bei »Spiegel TV« nicht üblich. Von ihm aus gern, aber da müsse er seinen Chef, den Herrn Aust, fragen.

Ich sage, der Buchumsatz sei nicht mein Geschäft. Für einen »Tatort« bekäme ich mehr Geld als für das ganze Buch. Meinen Lebensunterhalt würde ich durch Anwesenheit auf dem Bildschirm bestreiten. Allein mein Erscheinen auf der Glotze sei nach all den Jahren der Enthaltsamkeit Attraktion genug und allemal eine Gage wert.

Sie haben bezahlt und sich obendrein auf eine Wiederholungsgage eingelassen.

Heute sind sie mit der Kamera beim Drehen vorbeigekommen und haben auf meine Anregung hin das von Charly und mir gesungene Lied »Spiel mir eine alte Melodie« aufgenommen. Damit sollte der Beitrag beginnen.

Der große Tag auf der Leipziger Buchmesse rückt näher. Stefan Heym hat mich neulich angerufen und gesagt, wenn schon die beiden Verlage ECON und Bertelsmann keine gemeinsame Veranstaltung zustande brächten, dann sollten wir uns wenigstens verabreden: er komme gern auf meine Lesung, wenn im Gegenzug ich auf die seinige käme. Und das haben wir abgemacht.

Mi 27.3.96

Reise mit dem Zug nach Leipzig. Großraumwaggon I. Klasse, zwei Fahrgäste, davon einer ich. Kurze, knapp zweistündige Fahrt auf weichem Pfühl. Von Leipzig Hauptbahnhof zu Fuß ins »InterContinental«, einen Riesenkasten aus alten DDR-Tagen.

Abends Essen im Hotel.

Do 28. 3. 96

11.00 Uhr erste öffentliche Lesung von eigenem Text. Im Paulaner Palais. Ca. fünfzehn Minuten. Dann Journalistenfragen, dann fünf Interviews, zwei fürs Fernsehen, drei fürs Radio.

Mittags langer Spaziergang mit Dr. Rolf Rietzler vom »Spiegel«, Trip durch ein paar Trödelläden. Nichts gekauft.

Abends Lesung in der Deutschen Bücherei, der Lesesaal faßt dreihundert Personen. Sie haben angeblich achthundert reingelassen. Ein paar Hundert mußten nach Hause gehen. Die Heyms waren da, sie in dunklem Gebamselkleid mit allerlei güldenem Halsschmuck, er im Nadelstreifen mit Schlips und pechschwarzer Sonnenbrille. Alt-Mafioso. Übermütige Veranstaltung. Ich hatte gute Laune, gewitzelt und gescherzt. Habe in Gönnerlaune prima vista ein paar Seiten aus Heyms Buch »Der Winter unsers Mißvergnügens« vorgelesen. Riesenspaß. War ich wichtig? Na, wahnsinnig wichtig.

Rushdie, Grass, Eco und meine Wenigkeit.

Frei 29. 3. 96

Um 11.00 Uhr die Lesung von Heym. Wir treffen uns im Treppenhaus. Niemand da, der ihn empfangen hätte. Kein Mensch vom Verlag. Ein Kerl von »Leipzig liest« gibt Heym freche Antworten auf dessen Fragen nach seinem Empfang und nach Büchern, die er signieren würde, die aber nicht da sind.

Unglaublich, was sich die Bertelsmann-Leute erlauben. Ich wäre stante pede abgereist. Heym scheint für die keine Gewinngröße mehr zu sein, und das lassen sie ihn brutal spüren.

Die Lesung beginnt. Niemand da, der Heym ankündigen könnte. Mein Verlagsleiter springt ein und macht die Sache mit leiser Bravour und auch ein bißchen mit dem Hintergedanken, Heym wenigstens für ein Buch einzukaufen. (Jüdische Geschichten). Ich bin ein bißchen stolz auf »meinen« Verein. Irgendwann kommt ein Bertels-Mann, er habe im Stau gesteckt.

Abends Essen auf Kosten des ECON Verlags. Alles teuer, alles gut. Ich bestärke Heym bei dessen Plan, jüdische Geschichten zu schreiben. Ja, wir sollten jetzt mit dem Stasi-Scheiß Schluß machen und wieder die Phantasie einspannen. Jetzt, da er endlich den Unsinn mit dem Bundestag hinter sich und wieder Zeit habe, solle er wieder Kunst machen.

Als ich ihn frage, ob er sich die Rolle eines Alt-Gangsters im »Tatort« vorstellen könne, ist er Feuer und Flamme. Und ich erst!

Sa 30.3.96

Rückreise mit dem Zug von Leipzig nach Berlin. Die Heyms und mein Verlagsleiter stricken weiter an der Idee, mit Heym wenigstens ein Buch nicht bei Bertelsmann, sondern bei ECON zu machen. ECON kann Namen brauchen. Eine Reputationssache.

Di 2.4.96

Nachts um 2.00 Uhr durch Wecker wecken lassen, um die zwölf unmöglichen Kaffee-Funkspots, die von der Werbeagentur für Jacobs Kaffee »Meisterröstung« verbrochen worden sind, umzuschreiben und ab 10.00 Uhr im Funkstudio Berlin aufzunehmen. Es kamen angeschissen vier Personen. Zwei aus der Werbeabteilung von Jacobs, jung, dynamisch, dämlich; zwei von der Werbeagentur, jung, dynamisch, noch dämlicher, einer davon ein sogenannter »Kreativer«, der hatte die Texte gemacht. Zehn von zwölf Spots sind mir einigermaßen gelungen, die habe ich aufgenommen. Wenn ich der Viererbande trauen kann, zu deren Zufriedenheit. Zwei Stück habe ich abgelehnt und bin nach einem Vortrag über Sinn und Unsinn von Werbetexten nach Hause gefahren. Edwin Marian habe ich im Taxi mitgenommen. Der hatte mein Buch schon in der Tasche und wollte wissen, ob ich außer dem »Mitschnitt« noch mehr auf Band aufgenommen hätte, was ich wahrheitsgemäß und angewidert verneinte.

So 7.4.96 Ostersonntag

Ein strahlender Sonnentag, die Luft kalt, der Boden in 20 cm Tiefe noch gefroren.

Otti und ich sind eingeladen auf die Datsche von Frank Beyer, nicht weit von Bad Saarow in der Mark. Wir sollen Maria und Willy Moese zu Hause abholen, die beiden sollen mit ihrem Wagen vorausfahren. So geschieht es. Wir gehen auf die häßlichste Fahrt, die es in Berlin gibt. Die Frankfurter Allee hinunter, gräßlich. Am S-Bahnhof vorbei, durch einen verrotteten Betontunnel, vorbei an der Stasi, fürchterlich, rechts ein weiteres Stasi-Hochhaus, ein paar Klötze im Marzahn-Stil, zum Speien. Endlich die Villa der Wodkafabrik Schilkin. Links ab, dann in die Adolfstraße zu Moeses. Die laden ihren riesigen, gutartigen, stinkenden Langhaarköter ein, und nach einem Kuß auf die Wangen der zurückbleibenden Moesetochter geht die Fahrt nach Osten weiter, Trostlosigkeit, so weit das Auge reicht, die Landschaft noch völlig winterlich braun und tot, Staus ohne Ende auf der breiten Chaussee, die von ruhenden Baggern und Kränen verstellt ist. Hoppegarten. Dort zwei Elefanten im Winterquartier, einzige kurze Augenfreude im Vorbeifahren. Ankunft bei Beyers nach knapp zwei Stunden Stop-and-go.

Wir hecheln ein bißchen über mein Buch, Beyer hat nur eine Beanstandung: er kann nicht glauben, daß ich damals zu der Voraufführung von »Das Versteck« nicht eingeladen worden sei. Es sei niemand eingeladen worden. Und die Vorführung sei nicht in dem üblichen Vorführraum gelaufen, sondern im Kino »DEFA 70« in Babelsberg. Das war mir neu. Und egal war's mir auch.

Moeses erzählen abwechselnd die lautesten, lauesten und langweiligsten Geschichten, darunter nur eine erstaunliche:

Willy: »Damals, in seiner Kutschenzeit, hatte Manfred sich eine riesige Postkutsche gekauft. Eines Tages machte ich mich auf ins Postmuseum, kämpfte mich bis zum Direktor durch und erzählte ihm, ein Freund habe sich eine viel zu große, alte, sächsische

Postkutsche gekauft. Ob er die, wenn jener Freund sie eines Tages wieder loswerden wolle, vielleicht für das Postmuseum ankaufen würde. Der Direktor hörte bis zum Ende zu und fragte dann, ob dieser Freund vielleicht Schauspieler sei. ›Ja, richtig‹, sagte ich. Und ob dieser Schauspieler der Manfred Krug sei. ›Donnerwetter‹, sagte ich, ›woher wissen Sie das?‹ Und da hat der Direktor geantwortet: ›Der Krug hat die Kutsche hier bei uns gekauft‹.«

Ich: »Du hattest die Kutsche doch nie gesehen.«

Willy: »Das ist richtig.«

Ich: »Woher wußtest du, daß die Kutsche so groß war?«

Willy: »Das hatte ich irgendwie gehört.«

Ich: »Also, warum bist du zu diesem Direktor gegangen?«

Willy: »Ich hatte mir Sorgen gemacht, was du mit der großen Kutsche anfangen solltest. Irgendwie.«

Ich: »Du wußtest aber, daß ich eine riesige Scheune hatte. Die hattest du doch mal angeschaut.«

Willy: »Na und? Warum sollte ich mir keine Sorgen machen? Ich bin halt hingegangen.«

Eine merkwürdige Geschichte.

Heimfahrt mit Otti in der Geisterstunde.

Zu Hause Peti und das Baby. Das Sonnenstäubchen hellwach und wohlgelaunt. Ich habe ihr wieder das Lied »Püppchen, du bist mein Augenstern« vorgesungen, ganz leise und zärtlich und nur für sie. Sie weiß, daß sie das »Püppchen« ist, sie weiß, daß es ein Minnelied für sie ganz allein ist. Sie versteckt ihr Gesicht, schaut immer wieder lächelnd auf und versteckt wieder ihr Gesicht. Ich hätte alle Kinder mit sechzig machen sollen.

Mo 8.4.96 Ostermontag

Otti hat zwei Enten gebraten, Paradestücke, wie immer. Sie hat Daniel mit seiner Petra eingeladen, dazu Josephine mit Julius und schließlich ihre älteste Schwester Leonore und deren Mann. Treffen aller um 16.00 Uhr. Wir sitzen auf der Terrasse, reden über dies und das. Leonore macht ein paar Manfred-Krug-Bemerkungen von der Art, gegen die ich immer empfindlicher werde. Man sagt etwas, und sie sagt: »Ah, typisch Manfred Krug.« Man sagt etwas anderes, und sie sagt: »Na, das war ja wieder eine Manfred-Krug-mäßige Bemerkung.« Man sagt etwas Drittes, und sie sagt: »So was kann sich nur einer wie Manfred Krug erlauben.«

Und dann sage ich: »Tu mir einen Gefallen: laß das bitte. Ich kann den Namen so nicht mehr hören. In dieser Verwendung höre ich ihn, sobald ich das Haus verlasse. Den ganzen Tag habe ich Mühe damit, meine sogenannte Prominenz zu neutralisieren. Ehe ich mit einem Menschen zu einem Gespräch komme, muß ich ihn erst auf die Tatsache konditionieren, daß ich ein Mitmensch bin, der sich nach Unbefangenheit sehnt. Erst dann kann ich zur Sache kommen, zu welcher auch immer. Es ist mir anstrengend, wenn ich damit jetzt auch gegenüber Verwandten anfangen muß.«

Frei 12.4.96

Telefonat mit Krista Schädlich: das Buch läuft noch gut. Ich soll auf jeden Fall im Oktober auf die Frankfurter Buchmesse kommen.

Etwas positive »Fanpost« zum Buch.

»Westdeutsche Universum-Film« will eventuell eine Option auf die Filmrechte für »Abgehauen« verhandeln. Ich habe der Sekretärin meine Adresse gegeben.

Vom MDR-Radio Leipzig sind die Tonkassetten gekommen mit Geschichten und Gedichten, die ich gelesen hatte. Gedichte nicht zu verstehen, aber komisch & kurzweilig. Eine Geschichte zu langatmig. Sonst interessant.

So 14.4.96

Das erste »Liebling«-Drehbuch der fünften Staffel von Jurek angefangen zu lesen. Es kommt mir langweilig vor, mag gar nicht tiefer eindringen, ist nicht tief. Wenn die Bücher so bleiben, dann kann es schlimm werden.

Mo 15.4.96

Schleiche mich aus Neugier in die Herder-Buchhandlung, suche die Abteilung »Zeitgeschichte«, frage dort einen netten Verkäufer: »Wie läuft's denn?«

»Saugut«, sagt der. »Signieren Sie mir eins?«

Ich signiere: IMMER WEG DAMIT!

»Die haben Ihnen ja mitten im Steigflug«, sagt er, »die Turbinen abgeschaltet.«[5]

»So dramatisch drücken Sie das aus?«

Er sagt: »Doch, so würde ich das schon sagen.«

Di 16.4.96

Produzent Sauer von der UFA fragt, ob ich nicht über eine Option für die Filmrechte von »Abgehauen« verhandeln möchte. Ich sage, nein, ich brauchte keine Optionssumme, wichtig wäre mir, die Sache, wenn überhaupt, in guter Konzeption und Regie zu machen. Was ich denn von Klaus Poche hielte. Nicht so viel, sage ich. Ich stellte mir keinen gutbürgerlichen, sondern einen tollkühnen, umstürzlerischen Autor vor, der alles anders macht, mitsamt einem solchen Regisseur. Ob ich da mitspielen wolle, wenn es gemacht werde. Jedenfalls nicht mich selbst, sage ich, ich könne schließlich keinen Vierzigjährigen mehr spielen. Er ist erleichtert, scheint mir.

Um 16.00 Uhr kommen der Verlagsleiter von ECON, einer der Progammleiter und Krista Schädlich kurz zu Besuch. Sie wollen dann weiter zur Geburtstagsfeier für Peter Ustinov, der heute 75 wird. Herrliche Sonne. Wir sitzen auf dem Balkon. Die vier erzählen, 50.000mal sei »Abgehauen« schon verkauft. Schon verkauft!

---

5 Das Buch war damals für kurze Zeit nicht lieferbar.

Soll das wahr sein? Im nächsten »Spiegel« stehen wir auf der Bestsellerliste, sagt der Verlagsleiter. Ich glaube es lieber noch nicht.

Abends feiert Siggi Schmidt-Joos seinen 60. Geburtstag im »Quasimodo«. Auf Ottilies Bitten gehe ich hin, finde dort Walter Momper mit Frau und quassle mit beiden, während auf der Bühne eine amerikanische Sängerin mit einem Quartett allerlei Jazzgesang anstimmt. Die Musik ist soweit in Ordnung, mir aber nicht die Hauptsache, ich unterhalte mich am äußersten Ende des Saals und werde hin und wieder, wie in einem Konzert, zischend zum Schweigen aufgefordert. Anderthalb Stunden dauert das. Dann kommt eine Laudatio auf Schmidt-Joos von einem Fremden, dann eine Laudatio auf Schmidt-Joos von Schmidt-Joos selbst, dann eine Jam-Session mit Gitte. Stundenlanges Verdonnertsein zum Schweigen. Blöd.

Do 18.4.96

In der heutigen FAZ eine sehr positive Kritik von Jens Jessen über »Abgehauen« und über Heyms »Der Winter unsers Mißvergnügens«. Jessen ist besonders begeistert von dem »Mitschnitt«, begreift und schreibt als erster, daß diese Tonbandaufnahme eine kleine Heldentat war. Das freut mich.

Habe Jurek angerufen, er will sich in der Kaufhalle die FAZ noch holen. Er rief nicht zurück. Hätte er ja können. Text etwa: Toll, Manfred, gratuliere. Aber nix.

Krista Schädlich angerufen, die von dem Artikel noch nichts wußte. Nach einer Stunde ihr Rückruf. Sie sei gerade in einer Besprechung, der ganze Verlag jubelt.

Christa Wolf angerufen. Die Dame wortkarg und eher verschnupft. Ob ihr das Echo einigermaßen gefalle, frage ich. Welches Echo, fragt sie. Das auf »Abgehauen« und den »Mitschnitt«, vor dem sie sich ja etwas gefürchtet habe.

»Ich habe damals Ja gesagt, und Ja ist Ja.«

Ganz so war es nicht. Sie hatte Ja gesagt, und eine Weile sah es so aus, als wolle sie doch noch Nein sagen. Sonst wisse sie nichts, sie habe doch im Krankenhaus gelegen wegen der Hüfte. Ich: Sie sei – so der Tenor – keineswegs mißverstanden, sondern in ihrer Standhaftigkeit bewundert worden, keine Häme, eher Anerkennung ihres mutigen Handelns. Ob ich ihr mal die Pressemappe schicken solle, die mein Verlag gesammelt habe. »Ach nein, das ist nicht nötig. Danke.«

Kühle, Sprachlosigkeit – na dann, alles Gute.

Ich rufe Heym an und sage auf den Beantworter, es stehe eine schöne Kritik über ihn und mich in der FAZ. Kein Rückruf von ihm. Ich glaube beinahe, fast alle Schriftsteller ärgern sich über Leute, die ihr Buch gut verkaufen. Schlimmes Pack. Schlimmer als Schauspieler.

Das Buch hatte ich der Wolf mit einer Widmung, wie allen Beteiligten am »Mitschnitt«, zugeschickt. Bis jetzt von keinem ein Sterbenswörtchen gehört. Als hätten sie sich verabredet. Ein freundliches kurzes Dankeschön und ein paar gute Worte in Briefen von Hagen Mueller-Stahl und von Walter Kaufmann. Frank Beyer sagte, er finde das Buch in Ordnung, und Jurek sagt, er freue sich mit mir. Ein positiver Brief von Kurt Bartsch, der ja nicht beteiligt war.

Es gibt eine Einheitskritik, nett, aber geschmeidig, die steht in allen kleinen Zeitungen, schadet nicht und nützt nicht.

Am 14. April eine Kritik in der »Berliner Morgenpost« (Springer) von Rolf Schneider. Kleinkariertes Zeug.

Die »Leipziger Volkszeitung« vom 13.4. berichtet, daß MDR-Radio vom 20. bis 31. Mai »M. K.s Tagebuch, gelesen von M. K.« wochentags jeweils um 9.05 Uhr und, wiederholt, um 17.30 Uhr im MDR senden wird.

Am 16.4. eine Kritik in der »Süddeutschen Zeitung« von Konrad Franke, dem Mann, der auf der Buchmesse mein Gesprächspartner war. Freundliches über Heym und mich.

Frei 19.4.96

Um 13.00 Uhr Anruf von Krista Schädlich. Manfred wird im SPIEGEL auf der Bestsellerliste für Sachbücher stehen. Auf Platz 5. Von null auf 5. Das ist auch nicht übel.

RTL wolle ein großes Interview mit mir machen. Ich lehne ab. RTL ist im Fernsehen das, was BILD unter den Zeitungen ist. Da muß man nicht hingehen. Keine Feigenblättchen liefern. Der Verlag grämt sich ein bißchen. Soll er. Ich habe die Zusage, daß allein ich entscheide, was für die Werbung in welchen Sendern und Medien gemacht wird und was nicht. Davon gehe ich nicht ab. Ich könnte ein halbes Jahr lang durch alle Talk Shows tingeln und zwei Jahre nur Lesungen und öffentliche Quatschabende machen. Nein. Falsch.

Abends Peti und Marlene zu Besuch, wie fast an jedem Abend. Das Kind ist einfach wunderbar. Die Kleine begreift, daß sie ein Mensch für sich ist. Sie sagt seit gestern auf Zuruf: »Dadadadada.« Das kann sie in allen Lautstärken und mit unglaublichen Nuancen sagen, flüstern, schreien. Sie kann flirten. Sie kann fliegen, sie kann Kopf nach unten hängen. Sie weint nur bei Hunger. Sie kann Banane essen. Sie lacht und lacht und lächelt und grinst und amüsiert sich. Sie ist stark. Sie hat kleine, gelbliche Plüschhaare auf der Glatze. Sie greift alles, steckt alles in den Mund. Was sich zerfetzen läßt, zerfetzt sie. Noch immer versteckt sie ihr süßes Gesichtchen, wenn ich »Püppi, du bist mein Augenstern …« singe. Und noch immer schaut sie zwischendurch flirtend und lächelnd zur Seite auf Papa. Papa hat sich tausend verschiedene »Hoppe hoppe Reiters« ausgedacht, die er alle mit ihr durchspielt, und sie erwartet prompt immer ein neues. Papa ist außer sich vor Liebe zu diesem Sonnenstäubchen, diesem Goldstäubchen, diesem raffiniertesten Kind aller Zeiten.

Sa 20.4.96

Anruf von Heym auf Beantworter: »Manfred, hier ist Stefan. Ich habe die Besprechung in der FAZ gelesen und mich sehr gefreut. Für uns beide.«

Anruf auf Beantworter von Wilhelm Koch-Hooge, er will angerufen werden.

Ihn abends angerufen, er ist begeistert von dem Buch, an einem Tag hätten er und gleich darauf seine Frau es verschlungen. Er wohne ja dort in der Nähe der Stasi- und SED-Wohnviertel. In der dortigen Buchhandlung sei »Abgehauen« öfter ausverkauft, weil viele Leute in der Gegend noch immer wissen wollten, warum und wie ich damals verschwunden sei. Vor einem Jahr habe er einen Arzt zu Hause gehabt, der schlecht über mich gesprochen habe, weil er noch heute an die alten Verleumdungsgeschichten glaube.

Fritz Rudolf Fries, dessen Hörspiel ich vor ein paar Wochen in Leipzig, zusammen mit Winfried Glatzeder, gesprochen habe, schickt mir sein neues Buch »Im Jahr des Hahns«, ein Tagebuch. Widmung: »Für Manfred Krug – Jazzer, Mime und Poet dazu. Grüße aus Oobliadooh! Fritz Rudolf Fries, April '96«. Und dazu ein eingelegtes Kärtchen: »Lieber Manfred Krug, leider haben wir uns in Leipzig verpaßt. Ich hätte Ihnen gern gesagt, wie froh ich über unser Hörspiel bin! Anbei MEIN Tagebuch, das die Anwürfe im ›Spiegel‹ relativieren soll. Auf bald – herzlichst Ihr Fritz Rudolf Fries.«

In Normalschrift, groß und klein. Sein Buch klein. Wer so »schlau« und in Fetzen schreibt wie Fries, ist mit der Kleinschreibung schlecht beraten. Man hat ohnehin genug mit der Orientierung zu tun bei dem. Ich lese ein bißchen drin rum und gewöhne mich dran. Er ist viel gereist. Aber nicht genug, meint er. Die Namen alle abgekürzt, was sinnlos ist, denn die es wissen wollen, kriegen es sowieso raus, und mich nervt es. Wenn nicht mal mein Klatschgelüst in einem Tagebuch befriedigt wird, kann ich was anderes lesen. Nach drei Seiten Fries werde ich derart namensgierig, daß ich erst mal eine halbe Seite Telefonbuch lesen muß. Auf Seite 23 sind es schon ein Dutzend »Reisen«, davon zwei abgelehnt, worüber er meckert. Der Fries ist ja sauklein. Ob der auch so kleine Kinder gemacht hat? Auf Seite 24 ist er schon im Jahr 1993. Also bis jetzt hat er gar nichts »relativiert«, und nach 1990 kann jeder beliebig herumrelativieren. Dann höre ich am besten hier erst mal auf.

So 21.4.96

Gestern und heute die wärmsten Apriltage seit neunundzwanzig Jahren. Der Winter war lang, den Frühling muß man schon jetzt als Sommer zählen. Finnische Jahreszeiten.

Heute zwei weitere Jurek-Drehbücher »Liebling Kreuzberg« durchgearbeitet: drei Folgen kenne ich jetzt, sie sind flockig, nett, witzig, wie immer. Es gibt fast nur Innendekorationen, wenig originelle Einfälle. Es sind wieder Trivialhörspiele, die wir dann bebildern werden.

Irene Dische war vor zwei Wochen auf dem Beantworter, sie habe ein Geschenk aus Amerika für mich, und ob man sich nicht mal sehen sollte. Heute rief ich sie an. Sie sprach begeistert über das Buch und meinte, das sei seit zehn Jahren das erste deutsche Buch, das sie von Anfang bis Ende gelesen habe, und mit Vergnügen. Als ich ihr sagte, daß keiner der vorkommenden Schriftsteller auch nur ein Sterbenswort des Lobes habe fallen lassen, sagte sie tröstend: »Du bist kein Schriftsteller, sondern Schauspieler. Jetzt schreibst du ein gutes Buch, wilderst im Wald der Dichter, und die sind entsetzt und böse. Überhaupt, wenn man Menschen beschreibt, so daß sie sich wiedererkennen, erntet man selten Zustimmung. Auch ich, wenn ich das Aussehen oder die Eigenschaften von Bekannten mische und aus mehreren wirklichen Personen eine erfundene mache, bekomme nur Reklamationen.«

Mo 22.4.96

Bis 18.00 Uhr quäle ich mich mit Jureks neuen Drehbüchern und komme einfach nicht vorwärts. Sie interessieren mich so wenig.

Abends kommen Walter Kaufmann und Frau Angela Brunner. Es gilt immer noch, was Dagobert Müller vor dreißig Jahren von ihr gesagt hat: »Wenn sie nicht Künstlerin geworden wäre, wäre sie verrückt geworden.«

Kaufmann und ich sprachen auch über die Plazierungen auf den Bestsellerlisten in den Zeitungen. Er meinte, da würde auch was mit Geld laufen. Wenn die Zeitungsleute richtig bezahlt würden, könnte sich ein Verlag einen Bestsellerplatz kaufen. Da sei man im »Neuen Deutschland« noch am besten bedient, denen gebe keiner auch nur eine Mark.

»Kann ich mir nicht vorstellen«, sagte ich. Ich wußte nämlich von Krista Schädlich schon, daß ich im »Spiegel« unter Nummer 5 demnächst aufscheinen würde.

Walter hat mir seine beiden neuesten Bücher in einem Schuber mitgebracht. Der Schuber heißt »Dieser eine Augenblick Zeit«, der erste Band darin heißt »Ein jegliches hat seine Zeit«, der andere »Die Zeit berühren«. Es sind zwei sahnefarbene Paperbacks mit kessen Goldlettern vorne drauf, die aussehen, als hätte Christian Dior sie für eine Tagescreme hingeschrieben.

Di 23.4.96

Heute in der Post die erste und einzige Reaktion eines Beteiligten auf mein Buch: Dieter Schubert schreibt eine Postkarte.

»Lieber Manfred Krug …«

Die Anrede mit dem ganzen Namen soll etwas von der Fremdheit anklingen lassen, die zwischen uns herrscht, schon immer herrschte. Ich würde ihn trotzdem so nicht anreden. Ich würde »Lieber Dieter …« schreiben.

Also er: »Vorige Woche habe ich Dein Buch erhalten, vielen Dank für die prompte Zusendung. Ich werde es mit Interesse lesen.

Herzliche Grüße, Dein Dieter Schubert.«

Na, wenn er's mal nicht schon gelesen hat.

Aber so erspart er sich, etwas dazu sagen zu müssen. Er hat es sicher schon ausgerechnet: noch nie ist ein Text von ihm in so hoher Auflage verbreitet worden wie die großartigen Worte, die er in »Abgehauen« spricht.

Um halb sechs nachmittags ruft Wolfgang Menge an, ich glaube zum ersten Mal. Er lese das Buch mit wachsender Spannung und sei dabei, einiges zu lernen. Heym könne er nicht besonders verknusen, erstaunlich gut habe der Alte sich aber geschlagen.

Er habe immer gedacht, die Menschen lebten vor allem deshalb in der DDR, weil sich das im Lauf ihres Lebens so ergeben habe, nun sehe er, daß es eine Art von Vertrauen gegen diesen Staat gegeben habe, daß viele Leute in der DDR nicht nur freiwillig, sondern auch mit Zuneigung zu ihr gelebt hätten. Völlig neue Erkenntnisse. Rolf Schneider sei mit wenigen Sätzen schlecht weggekommen. Da könne ich nicht erwarten, daß der mich mag. Morgen sei er, Menge, mit Günther Fischer verabredet, er werde wohl befangen sein bei dieser Begegnung. Ottilies Haltung imponiere ihm ungemein. Wenn er sich so eine Gestalt wie den Fischer näher ansieht: da falle ihm seine eigene Kindheit wieder ein. Er habe immer in die Hitlerjugend eintreten wollen, das sei ihm aber wegen der jüdischen Mutter verweigert worden. Aus heutiger Sicht: Gott sei Dank. »Was für einer hätte aus mir werden können? Nicht auszudenken.«

Wie Menge über den Fischer auf diesen Gedanken kommt, ist mir nicht ganz klar. Wahrscheinlich meint er, was in seinem Fall die jüdische Mutter war, das seien in Fischers Fall die Helden von Leipzig gewesen. Da kann ich bloß sagen: Bei Menge hat's geklappt, er war nicht in der HJ.

Mi 24.4.96
Nachmittags ruft Krista Schädlich an. Ob ich schon das »Neue Deutschland« von heute gesehen hätte, ich sei dort auf der monatlichen Bestsellerliste / Sachbuch auf Platz 1. Mit beruhigendem Abstand folge Gregor Gysi auf dem 2. Platz.

Wenn das nicht komisch ist.

So 28.4.96
Seit vier Tagen sitze ich daran, meine »N****« für »Liebling Kreuzberg« in den Zuse zu tippen. Eine Folge schaffe ich nur pro Tag. Und es ist harte Arbeit. In jedem 48-Minuten-»Liebling« steht mehr Text als in einem 90-Minuten-»Tatort«. Unaufhörliches Gewäsch. Aber Jurek sagt, alle finden es schön.

Gestern kam Post von Krista Schädlich: ein kleines Poster von »Focus« mit allen Bestsellern. Ich stehe auf Platz 1 der Sachbücher. Ist das zu fassen? Ich nehme mir fest vor, »Focus« besser zu finden als bisher. »Fakten, Fakten, Fakten!« ruft der Chefredakteur immer in der TV-Werbung. Recht hat er.

Do 2.5.96
Heute war erster Drehtag.[6] Wann war ich je so zerschlagen und müde wie heute? Mit dem Kameramann war ich schon 1963 zusammen in »Hase und Igel« mit Angelica Domröse und 1968 in »Mit mir nicht, Madame«, Buch & Hauptrolle Rolf Römer, Regie Roland Oehme, in Jugoslawien. Die Regisseurin hat Freude am »Schauspielerführen« und am »Regieführen«. Schrecklich. Es kann dauern, bis sie lernt, mich in Ruhe zu lassen. Ihre ganze Schauspielerführungslust läßt sie an dem jungen Kollegen aus, der bis jetzt auch nur nervt.

Als ich am ersten Drehtag im Zusammenhang mit meinen »N****n« das Wort »N****« benutzte, verzerrte er schmerzvoll

---

6 Es war der erste Drehtag der letzten Staffel von »Liebling Kreuzberg«.

sein Gesicht, zog, als würde gerade jemand seine Eier zwirbeln, die Luft durch die Zähne und sagte: »Au, das Wort bitte nicht! Nicht in meiner Gegenwart!«

»Was, ›N****‹?« fragte ich.

»Ja«, sagte er, »dieses Wort bitte nicht in meiner Gegenwart.«

Ich sagte ihm, wie dieses Wort entstanden sei und daß man nicht auf Rassismus schließen dürfe, wenn jemand es so anwendet.

Das sei sicher in der Nazizeit entstanden, sagte er.

Nein, viel früher, sagte ich, als Adolf Hitler noch auf der Festung saß. Egal, er will das nicht wissen.

Als ich ein paar Minuten später das Verb »türken« verwende, sagt er, das sei ebenfalls ein Unwort, das er nicht hören wolle. Daraufhin frage ich leise in sein Ohr, ob er vielleicht ›ne ziemlich blöde Fotze‹ wäre, worauf er in Normallautstärke antwortet, nein, das ginge gar nicht, er sei ja keine Frau.

Ich drehte die Szene zu Ende und bestand darauf, das jetzt am ersten Tag zu klären, sonst müßten sie entweder mich oder den Typ umbesetzen; ich schaff das nicht, jetzt, kurz vor der Rente, in meiner letzten Serie die altvertraute Film-Sprache auf political correctness umzustellen, bloß weil wir hier diesen sensiblen Ahnungslosen zu Gast haben.

Die Regisseurin wiegelte ungekonnt ab, ich zog mich um.

Währenddessen kam der Typ, bat um ein klärendes Gespräch, das wir auf der Straße abhielten. Er sei mit einer Afrikanerin verheiratet, deshalb seine Empfindlichkeit. Und ein Türke habe ihm mal gesagt, daß er das Wort »türken« im Deutschen nicht schön finde. Ich habe ihm die Etymologie auch dieses Verbs im Deutschen erklärt und versprochen, daß auch hier kein Rassismus dahinterstecke. Er müsse schon so nobel sein, mir diese Vokabeln zu gestatten, die alle vor zwanzig Jahren noch korrekt waren. Dafür brauche er sich nicht in acht zu nehmen, falls er in meiner Gegenwart Danzig sagt, wenn er Gdansk meint, oder

Breslau, wenn er Wroclaw, oder Königsberg, wenn er Kaliningrad meint. UND SO WEITER. Wir haben uns dann geeinigt, während der Arbeit lieber über wichtige Dinge zu reden. Ich habe ihm versprochen, die Klappe zu halten, wenn seine Frau zu Besuch kommt.

Di 7. 5. 96

Heute im »Neuen Deutschland« eine wunderbare Rezension von Egon Günther über »Abgehauen«.

Dritter Drehtag und gleichzeitig erster Drehtag mit Monika Woytowicz. Wiedersehen nach fünfundzwanzig Jahren. Sehr nett. Sie hat sich gut gehalten.

Die Regisseurin fängt sich. Sie sprüht nicht vor Ideen. Man muß aufpassen, daß sie Naheliegendes nicht glatt übersieht.

Jurek ruft an, wie es denn mit dem Drehen so ginge. Von mir karge Auskünfte. Ich mache ihm einen grundsätzlichen Einlauf über sein Telefonverhalten. Während ich extra ein Telefon nur für ihn hätte, müsse ich mir seine übertriebene Mißlaunigkeit anhören, sobald ich ihn mal anriefe.

Habe ihm die Geschichte mit dem Schauspieler erzählt, die er offenbar schon von anderer Seite gehört hatte.

Jurek: »Weißt du, ich habe mir das einmal überlegt ... Wenn es zum Beispiel in den Sprachgebrauch übergegangen wäre, irgendwelche Büroklammern oder so was ›Juden‹ zu nennen und man würde in den Büros einander zurufen: ›He, wirf mir mal ein paar Juden rüber!‹ dann wäre mir das auch nicht angenehm.«

So 12. 5. 96 Muttertag

Auf Ottilies Frage, warum ich keine Aufmerksamkeit zum Muttertag für sie hätte, antworte ich, weil sie nicht meine Mutter sei.

Die ganze letzte Woche »Liebling Kreuzberg« gedreht. Ein fast reines Ost-Team. Gestern war Otto Meissner am Drehort im Gerichtsgebäude Tegeler Weg. Seine größte Sorge: der junge

Kollege könnte zu unsympathisch, zu arrogant wirken. Da müsse gegengesteuert werden. Soll er doch gegensteuern. Ich habe es selbst schwer genug, sympathisch zu wirken, so, wie ich aussehe.

Abends habe ich mir einen neuen »Tatort« vom Schweizer Fernsehen angesehen. »Die Abrechnung«. Der Regisseur scheint Schauspieler zu lieben, welche gern lange Pausen machen. Da liegt er mit Ulrich Mühe richtig. Das Ganze sehr langsam und ermüdend. Obwohl in dem »Tatort« alles drin ist, so ähnlich wie damals in Afri Cola. Der Kommissar klemmt einen Daumen in die Jeanstasche, stützt die andere Hand in die Hüfte. Da kann Uli Mühe mal sehen, wie schwer Trivialkunst ist. Viele Pistolen, Schreie, Kinnhaken, Sex von der Spießerphantasiesorte. Sogar der Schlüpferzwickel einer gewissen Claudine Wilde (strahlt Unbedarftheit aus) war zu sehen. Mit diesen Sachen arbeiten wir in Hamburg nicht. Gott sei Dank. Deren Einschaltquote: sechs Millionen. Zugegeben, in einem Theater brauchte man dafür etliche Jahre.

Mi 15. 5. 96

Einladung des Bundespräsidenten zum »Fest der Generationen« abgesagt. Ich kann da nicht hingehen, bin noch keine Generation. Was ich da schon abgesagt habe. Aber die sind hart im Einladen. Die wollen wissen, ob man schon reif ist für eine kleine Ehrung. So, wie die Hexe es mit Hänsels Daumen gemacht hat.

Do 16. 5. 96 Christi Himmelfahrt

Zwei Herren einer kleineren Werbeagentur (Bauer & Geiger, 14 Mitarbeiter) waren bei mir und legten ihre Werbe-Ideen für eine Baustoff-Firma (Sto) vor. Es geht um einen Wärme verteilenden speziellen Fassadenputz, der das Sonnenlicht tagsüber auffängt, im Mauerwerk speichert und seine Wärme nachts nach innen abgibt. In wenigen Minuten habe ich ihr gutbürgerliches Konzept umgestürzt, habe völlig andere Fotoideen entwickelt, und die beiden waren begeistert. Sie müssen dieses neue, schräge Konzept, das ihnen gefällt, jetzt ihrem Kunden vorlegen, der dann aus weiteren Konzeptideen, auch von anderen Agenturen entwickelt, auswählt. Nach meinen Erfahrungen glaube ich kaum, daß der Kunde hier anbeißt. Nicht »seriös« genug.

Jurek rief an. Wir sollten uns mal sehen. Ich nannte ihn »meine liebe Büroklammer«. Er möchte diesen Namen gern behalten, sagt er.

Ich sorge mich um ihn.

Telefonat mit Sellhorn, der eine musikalische M.-K.-Anthologie zusammenstellen will. Die Kassetten, die er mir geschickt hat, habe ich abgehört: früheste und frühe M.-K.-Gesänge aller Art. Politsongs, Schlager, Filmlieder, Jazztitel, teils live aufgenommen, teils im Rundfunk- oder im DEFA-Studio. Es sind Lieder dabei, von denen ich echt nicht mehr wußte, sie je aufgenommen zu haben. Überraschendes Wiederhören. Zwei CDs sollen es werden. Wer soll die kaufen? Bis jetzt hat noch niemand mit mir über Geld gesprochen. Sellhorn zeigte sich besorgt und erstaunt, daß so viele Kritiker über mein Buch schimpften. Ich weiß von (nur) vier bösen Rezensionen. Es bedrückte Sellhorn auch, daß mein Buch noch immer nicht auf der »Spiegel«-Bestsellerliste zu finden sei. Dabei steht es jetzt zum vierten Mal auf dieser Liste, und nicht auf den schlechtesten Plätzen. Der große Sammler Sellhorn verliert den Überblick.

Abends auf MDR den DEFA-Film »Jungfer, Sie gefällt mir« gesehen, eine Bearbeitung von Kleists »Zerbrochnem Krug« durch Jurek. Lange her. Regie: Günter Reisch. Da hat Jurek dem Kleist aber Beene jemacht. Der schönsten deutschen Komödie Komik beijebracht. Was 'n Elend. Alles, was sich bei Kleist so schön pö a pö erzählt, nämlich während der Gerichtsverhandlung, wird hier breitgehauen, und zwar bevor es erzählt werden muß. So hinkt die Geschichte immer hinter sich selbst her. Gibt es so was?

Renate Reinecke hat das appetitlichste Lachen und die schönsten Tittchen im ganzen Film. Allerdings nur wahre Liebhaber können sie entdecken. Wolfgang Kieling und Rolf Ludwig merkt man an, daß sie in einem besseren Film besser sein würden. Alle anderen, vor allem Köfer und Hoppe, verderben nichts. Daran sind sie nicht so sehr durch die eigene Armut als durch Buch und Regie gehindert. (Der beste Mann ist der alte Nico Turoff, aber den mußten sie synchronisieren, er sprach nämlich Deutsch nur zur nötigsten Verständigung, sonst sprach er Russisch. Immer noch, nach fünfzig Jahren in Deutschland. Er war der Jungstar in dem Stummfilm »Cyankali« von 1930, aber mitten bei der Arbeit haben sie damals den Filmton erfunden, so wurde der halbe Film ein Tonfilm. Seit damals war Nico aufgeschmissen und mußte bis zum Ende als Kleindarsteller arbeiten.) Ich will aber die Klappe halten und in Demut an die Leichen unter meinem eigenen Kellerestrich denken …

Sa 18.5.96

Ottilie ist mit Regine in die Mark an einen See gefahren, wo sie übernachten. Peti hat Besuch, eine Freundin vom Niederrhein. Ich fahre abends noch mal zu den Beckers. Wir kucken uns im Fernsehen den »Grand Prix Eurovision de la Chanson 1996« an, für den es, weil so viele neue europäische Länder hinzugekommen sind, eine Vorauswahl gegeben hat. Bei der Gelegenheit ist Deutschland rausgeflogen. Die Veranstaltung, die aus Norwegen kommt, ist ein totales Nichts. Man fragt sich angesichts des Elends: was muß unser deutsches Vaterland dort für einen Scheiß eingereicht haben, um an dieser armseligsten Schlagermucke aller Zeiten nicht teilnehmen zu dürfen. Einziges Vergnügen: ein unsichtbarer Moderator namens Ulf Ansorge gießt sahnig Häme über das Ganze aus. Er schleimt seinen

Abscheu aber derart zart ein, daß man sich sofort als Mitglied jener Elite fühlen darf, die ihn versteht. Das macht für unsereinen den Genuß aus. Christine und ich lachen viel.

Wir reden über frühe Erinnerungen. Ich erzähle meine erste Erinnerung, ein in Thorn an der Weichsel 1941 im Schaufenster hängendes Plakat, »Der Bolschewismus«, einen blutrünstigen russischen Riesen darstellend, der ordentliche kleine Fabriken und winzige fliehende Blaumänner zertrampelt. Jurek erzählt bei der Gelegenheit, daß seine frühesten Erinnerungen mit jahrelanger Verspätung erst einsetzten. Er finde solche Erinnerungen, die ich mit drei, vier Jahren gesammelt hätte, erst nach dem Krieg, in Sachsenhausen, im Alter von neun oder zehn Jahren. Sein Gehirn muß die trostlosen Jahre des Ghettos vollkommen gelöscht oder sich gar in damaliger Zeit »geweigert« haben, Erlebnisse und Bilder zu speichern. Seine früheste Erinnerung stammt aus der Zeit unmittelbar nach dem Krieg. Er sieht sich mit neun Jahren, körperlich zurückgeblieben, in einem hölzernen KZ-Bett liegen. Sein Vater taucht nach Jahren der Abwesenheit in dem Krankenraum auf. Die deutsche Schwester zieht den mageren Jungen aus dem Holzgestell, um ihn seinem Vater in die Arme zu legen, dabei beachtet sie nicht die Kante der abgesägten Pritsche, es entsteht ein blutiger Striemen an Jureks Bein. Sein Vater habe daraufhin einen furchterregenden Gladiatorentanz aufgeführt. Diese Szene ist Jureks erste Erinnerung geblieben. Eine frühe Kindheit gibt es bei ihm nicht. Etwas in dem Knaben hat sich geweigert, sie aufzunehmen. Ein Selbstschutz der kleinen Seele. Wenn man einem Kind einen Becher Rum einflößen würde, es würde das Gift sofort wieder erbrechen. Vielleicht werden Kinder von zu viel Hunger, zu viel Dunkelheit, zu viel Angst vorübergehend taub und blind.

Wir kommen auf eine fatale Eigenschaft bei Jurek zu sprechen, auf seine Neigung, die Peinlichkeit von Worten, Momenten,

Situationen derart heftig zu empfinden, daß es ihn nachgerade schüttelt. Manchmal, sagt er, schüttele es ihn auch bei eigenen Texten, das seien schreckliche Entdeckungen. Neulich habe er im »Spiegel« folgende überaus peinliche Stelle gefunden: Man sieht ein Foto von Frau Clinton, die ungewollt einen Hauch zu viel von ihren Schenkeln zeigt, und wer will, kann auch noch erahnen, daß sie einen Slip anhat. Das Peinliche sei aber die Bildunterschrift: »Ein Foto, das tiefe Einblicke ermöglicht«. Na ja. Jurek hat alle seine Peinlichkeiten im Frühbeet und kuckt jeden Tag nach, wie sie sich machen.

Mo 20. 5. 96

8.00 Uhr morgens. Ein trüber, regnerischer, kühler Tag. Ich habe keine Lust mehr, Serien zu drehen, auch nicht diese von Jurek. Ich bin drehmüde. Ich bin reif für die Rente.

Stefan Heym will angerufen werden, er brauche »meinen Rat«. Abends Anruf. Heym will einen besseren Steuerberater. Ich empfehle ihm meinen. »Aber der hat von mir nur eine Anweisung«, sage ich, »er hat dafür zu sorgen, daß die Wegelagerer vom Finanzamt nicht einen einzigen Fehler finden und regelmäßig mit hängenden Ohren wieder abziehen.«

Am Drehort in der Leibnizstraße machen sie heute nach Feierabend Probeaufnahmen mit fünf verschiedenen Jungschauspielern. Darunter soll auch der Sohn von Horst Buchholz aus Paris sein. Aber mit dem werde es wohl nichts, meinte heute die Regisseurin, der spreche ja französischen Akzent. --

So 26. 5. 96 Pfingstsonntag

Heute war das traditionelle Pfingstfest, das Schamoni und seine Erika alljährlich geben. Selten gesehene Leute waren da: Jochen Bott, »Denti«, Benders, »Babyface«, der Wirtschaftsminister Rexrodt, Wolfgang Kohlhaase und viele Leute, die ich nicht mit Namen, von Ansehen aber gut kenne. Gespräche mit nur wenigen. Rita und ihre Schwester, die immer noch in Baden-Baden lebt, waren da, ich setzte mich an deren Tisch, und dort blieb ich den ganzen Nachmittag. Rita ist seit zwanzig Jahren mit einem russischen Tänzer namens Micha verheiratet.

Außer gelegentlichen »Fans«, die mein Buch lobten, blieb Kohlhaase Gast an dem Tisch, und ich hatte wie immer Freude, seine Schnurren zu hören. Was er vornehmlich erzählt, sind Schnurren. Durch das Erzählen von Schnurren ist es ihm gelungen, sich sein Leben lang beliebt und harmlos zu machen. Jeder hat so seine Methoden. Eine etwas interessantere Geschichte habe ich herausgeerntet aus den Schnurren: neulich sei er dem Romancier Hermann Kant begegnet, den er hin und wieder noch trifft. Sie hätten über Lamberz und dessen plötzlichen Tod gesprochen. Wenige Tage nach dem Absturz damals habe Kant ein Treffen mit hochgestellten DDR-Politikern gehabt. Und als er zu ihnen kam, glaubte er, zu dem Sterbefall, der immerhin Staatstrauer ausgelöst hatte, ein paar salbungsvolle, schleimige Kantworte entsorgen zu müssen. Er sagte also etwas wie: »Genossen, dieser tragische Tod bedrückt mich ebenso wie euch alle. Erlaubt mir bitte, euch, die ihr mit dem Genossen Lamberz täglich so glückbringend zusammengearbeitet habt, mein aus tiefstem Herzen …« usw. Diese Ansprache habe die Runde entschieden gehindert, zur Sache zu kommen, die man wegen ihrer Unwichtigkeit bald hinter sich bringen wollte. Alle anwesenden hochgestellten Persönlichkeiten hätten zur Seite oder sonstwohin gekuckt, wie Menschen, die eine einmal begonnene Peinlichkeit nicht mehr stoppen können. Sie verhielten sich, als hätte Kant einen Furz gelassen, den sie wegen seiner Versehentlichkeit noch einmal überhören wollten.

Zwischendurch schleppte die Polizei die Hälfte aller Autos ab, welche von den Besuchern falsch geparkt worden waren, darunter auch einen Wagen mit lebendem Dackel. Alle dackellosen Autos müssen nach Pfingsten von weit her wiedergeholt werden, das mit Dackel hatte man eine Straßenecke weiter abgesetzt. Daraus kann man lernen: Polizisten lieben Tiere, und wer gern vorsätzlich falsch parkt, sollte sich einen Hund anschaffen, der hart im Nehmen ist.

Uli Schamoni, den ich viel kränker erwartet hatte, spielte wie eh und je mit technischen Sachen herum, diesmal mit einer elektronischen Kamera, deren Bilder über einen Computer ausgedruckt werden können. Vorerst scheußlich, die Dinger. Unscharf, voll von sichtbaren Pixeln und in ekelhaften Dropsfarben. Das alles gehöre zu der neuen Ästhetik, man müsse den Genuß daran erst lernen. Schamoni ist dünner als früher, was ihm steht. Er scheint dem Teufel von der Schippe gesprungen zu sein, und das muß eine mutige Tat für Uli gewesen sein.

Um 14.00 Uhr waren wir da, um 21.00 Uhr bin ich abgehauen.

Mo 27. 5. 96 Pfingstmontag

Sobald man das Haus verläßt, muß man sich in ein gigantisches Getümmel von unangenehmen, blöden Menschen stürzen.

Abends lief auf ARD ein neuer »Tatort« aus Hamburg, welcher es in zweierlei Hinsicht mit der Einschaltquote nicht leicht hatte: es war wieder mal, und beinahe einmal zu viel, ein Jungnazi-Thema, verquickt mit dem Türken-Kurden-Konflikt in Deutschland. Drehbuch trotz einiger Eingriffe nicht sehr spannend. Die Musiknummer gleich zu Anfang schlecht plaziert; sie gehört ins letzte Drittel eines jeden »Tatorts«, das Publikum muß darauf warten.

Das Schlimmste aber war, daß kurz nach dem Filmbeginn eine mehrere Minuten dauernde Störung auftrat. In das Loch sendeten sie zweimal Teile des nachfolgenden Programms. Niemand entschuldigte sich für die außergewöhnlich schwere Panne, Hunderttausende von Videorecordern schalteten sich ab.

Es ist ein unglaublicher Scheißladen. Die Schlampen haben uns eine gute Million Zuschauer gekostet.

Mi 29.5.96

Außer von der verzweifelten Doris Heinze (NDR) kein Wort, keine Zeile zu der ARD-Panne.

Gestern mit Elsa Grube-Deister gedreht, die ich zum letzten Mal vor dreißig Jahren gesehen habe. Ende der fünfziger Jahre, als ich der letzte Arsch am »Berliner Ensemble« war, war sie dort ein Star. Jetzt, mit siebzig, hutzelt sie ganz leise durch die Dekoration, man kricht kaum mit, daß sie da ist. In anderen Berufsgruppen wird man nicht auf so brutale Weise alt wie als Schauspieler.

Mo 3.6.96

Heute ist frei, weil wir letzten Samstag drehen mußten. An anderen Tagen dürfen wir nicht ins Gerichtsgebäude.

Letzte Woche war ich mit »Abgehauen« auf Platz 4 der Spiegelliste abgesackt, heute wieder auf Platz 3. Erfreulich. Aber es sind nicht Viele, die sich außer mir freuen. Selbst mein guter alter Jurek muß gegen seine Zwiebelmiene ankämpfen, wenn die Sprache – nie ganz zufällig, sondern stets von mir gelenkt – auf den Erfolg des Buches kommt. Neulich sagte er: »Tja, die Leute interessieren sich eben für das, was Prominenten so zustößt …«

Nächsten Sonntag kommt Herr Sauer von der UFA zu mir. Er wird Uli Plenzdorf mitbringen, dem er angeboten hat, »Abgehauen« fürs Fernsehen zu bearbeiten. Ich hatte der Idee zugestimmt. Uli Plenzdorf scheint mir kühner zu sein als Klaus Poche. Plenzdorf hat mir damals am längsten die Pfeife gehalten, als es um die Zustimmung der Gesprächsteilnehmer zur Veröffentlichung des Lamberzmitschnitts in meinem Buch ging. Am 22.11.95 schrieb er mir endlich: »Schwanken, Manfred, kostet Zeit – und ich schwanke, ob ich Dein Unternehmen gut finden soll oder nicht …« Aber er stimmte im letzten Moment zu. Jetzt muß er's wohl ganz gut finden, sonst würde er es nicht als Arbeitsmaterial für einen Fernsehfilm annehmen.

Frei 7.6.96

Gestern kam vom ECON Verlag der Brief eines Rechtsanwalts, der seit Jahrzehnten von den Krächen zwischen Schauspielern und Produzenten gut lebt. Den hat Eberhard Esche engagiert. Der soll erreichen, daß in »Abgehauen« die Seite 155 geändert wird.

Esche meint nämlich, es entstehe dort der Eindruck, er sei damals nicht aus eigenen Stücken zu Besuch in mein Haus gekommen, sondern auf Weisung der Partei oder der Stasi. Natürlich entsteht dieser Eindruck. Ich hatte auch damals diesen Eindruck. Jeder Besucher, den ich lange nicht in meinem Hause gesehen hatte, mußte sich diesen Verdacht gefallen lassen. Kann er mich doch selber anrufen.

Damals in Leipzig, bei der Vorstellung von »Abgehauen« auf der Buchmesse, hatte der Verlagsleiter gesagt: »Lieber Gott, jetzt fehlt nur noch eine einstweilige Verfügung!« Damals hat er noch mit höchstens 15.000 Exemplaren gerechnet und wünschte sich ein bißchen Krach um das Buch, wovon er sich einen billigen Werbeeffekt versprach. Aber es gab bis Juni keinen Krach. Jetzt kommt Esche. Was für ein doofer Kerl.

Heute bei großer Hitze »Liebling« gedreht. Unter anderem ein Bild auf einem Berliner Dachboden, dort könnten es an die sechzig Grad gewesen sein. Der Kameramann, den ich seit 1963 kenne, stellt noch das Licht der fünfziger Jahre. Es ist hell und heiß. Die Blende ist wohl nie offener als 5,6, das Material ist langsam, braucht also Licht. So hat er drei Effekte: alle Bilder sind schön einheitshell ausgeleuchtet, alle Bilder sind schön scharf, alle Schauspieler schön naß. Ich bin der Nasseste.

Sa 8.6.96

Heute wieder bei unerträglicher Hitze »Liebling Kreuzberg« gedreht. Wir waren im Gerichtsgebäude Tegeler Weg, in dessen dicken Mauern sich Gott sei Dank ein wenig Kühle gehalten hat.

In ein endloses Schwafelbild habe ich ein paar Kleinigkeiten eingebaut: eine junge, gertenschlanke Richterin wird von Liebling mit Abmagerungsmedikamenten geködert, wodurch sie zugänglicher wird. Das gibt sicher wieder einen Tanz mit Jurek.

Nach dem Drehen kommt der Verleger von ECON zu Besuch. Ich frage ihn, wie er mit Esche zu verfahren gedenkt, und zeige ihm einen langen persönlichen Briefentwurf, den ich für den doofen Eberhard vorbereitet hatte und der möglicherweise einen Prozeß verhindert hätte.

Der Verleger will aber seinen Stunk haben und empfiehlt, den Brief nicht abzuschicken, weil er schon unsere gesamte Argumentation enthalte und wir damit der »Gegenseite« Gelegenheit zum Denken geben würden. Er möchte sich mit seinen Rechtsgangstern erst beraten.

Soll mir recht sein. Ich sehe keinen Grund, dem Esche nicht mal eine Lektion in Kapitalistenfiesheit zu erteilen. Ich habe nur einen Brief an seinen Anwalt geschrieben, der soll die Stellen mal genau markieren, die sein Mandant raus haben will. Bin gespannt.

Abends wollte der Verleger unbedingt ein paar meiner Geschichten vorgelesen haben. Habe ich gemacht. Er sagt, sie hätten ihm gefallen. Sogar die »Gedichte« wollte er hören. Eigentlich will er so bald wie möglich ein Buch haben. Aber das geht nicht. Die unvollendete Katzengeschichte hat er mit zu seiner Frau genommen, die will er ihr zeigen.

So 9.6.96

12.00 Uhr Herr Sauer, Produzent bei der UFA, und Uli Plenzdorf bei mir. Sauer will »Abgehauen« ins Fernsehen bringen. Plenzdorf will die Bearbeitung machen. Er schlägt vor, alle Namen zu verändern, um so jede Diskussion zu vermeiden. Auch das Zusammenstreichen der vielen Personen auf etwa acht Figuren, die man dann auch mit Texten der gestrichenen Figuren versorgen könnte, würde dadurch erleichtert.

Ich solle unbedingt den Werner Lamberz spielen. Das würde als Signal dafür wirken, daß es nicht um eine »personenechte« Dokumentation gehe, sondern um ein Spiel mit dem vorhandenen Material.

Plenzdorf konnte sich drei Regisseure vorstellen: Rainer Simon, Roland Gräf und Frank Beyer, obwohl ihm dessen TV-Stück »Nikolaikirche« gar nicht gefallen habe. Plenzdorf war auffallend schlank. Er esse nach der Methode Montignac, die dieser in einem Hungerbuch beschrieben habe mit dem Titel »Ich esse, um abzunehmen«. In diesem Buch sei Hungern ausdrücklich verboten. Man darf keinen Zucker, keine Kartoffeln, kein Brot, kein weißes Mehl essen, sonst alles. Die Ossis fliegen auf solche Bücher. Unsereiner hat das alles vor zwanzig Jahren gelernt.

Als Sauer das Wort »Auflösung« im Zusammenhang mit der Regie in den Mund nahm, schwoll mein Hals. Ich sagte, in dieser Zeit, da jeder noch so unbedarfte TV-Produzent nichts anderes im Kopf hat als »Auflösung«, was immer Schauspielerballett und Kameragewusel bedeutet, wünschte ich mir Ruhe bei der Kamera und Ruhe bei den Schauspielern. Die Zeit sei reif, wieder über einen adäquaten Filmrhythmus nachzudenken und den Schauspielern Gelegenheit zu geben, nicht nur wirr herumzurennen, sondern ihre Gesichtshütten wieder zu unterkellern.

Mo 17.6.96

Ich sitze zu Hause und lese Jureks »Liebling Kreuzberg« Nr. 7 und langweile mich nicht schlecht damit.

Plötzlich tut es um 15.15 Uhr einen gewaltigen Schlag, eine Explosion, die nichts mit einer Fehlzündung oder einem Schuß zu tun hat. Es muß eine Sprengung in der Stadt sein, denke ich, sie werden irgendwo abgesperrt haben. In kurzen Abständen folgen weitere Schläge, Feuerwehren sind zu hören. Ich gehe auf den Balkon und sehe links hinter dem Allianzgebäude einen schwarzen Rauchpilz zum Himmel steigen. Zwei Minuten sind seit dem ersten Schlag vergangen. Etwa sechs weitere Explosionen. Dann Ruhe. Nur die Feuerwehren. Ich schalte den Fernseher ein, den Regionalsender B1. Dort zeigen sie ein Springreiten, sonst nichts. Die Sendung wird nicht unterbrochen. Um halb vier ist die Rauchwolke kleiner und grauer geworden. Langsam verlassen die Neugierigen ihre Dächer. Sogar oben auf dem Allianzdach Zuschauer. Um halb vier kommt auch Ottilie, die im Radio gehört hat, es habe einen Dachbrand in der Grolmannstraße gegeben. Wo kommen dann aber solche Explosionen her? Gasflaschen? Wir werden es hören.

Mi 19.6.96

Heute war ein Fräulein zu Besuch, eine Kettenraucherin mit »Grippe« und einem Sexualorgan als Kehlkopf. Wichtige Tussi, keine Ahnung, von irgendwas. Typisch eine »Kreative« aus der Werbung. Ihre Agentur enthält 120 Leute, davon zwölf »Kreative«, davon keiner, der mir einen halbwegs geistreichen TV-Spot für Holsten-Bier geschrieben hätte. Die schrecklichen sieben Spots, die sie mitgebracht hat, habe ich ihr wiedergegeben und selbst sechs Stück frisch geschrieben. Wenn wir's in der Richtung hinkriegen, mach ich's, sonst nicht, hab ich ihr gesagt.

Ich hab ihr auch gesagt, daß in meiner Gage nur ein Drehtag inklusive ist. Wenn sie mehr Tage drehen wollen, müssen sie die extra zahlen. Da hat sie wie eine kleine Kapitalistenmuschimiez herumgejammert, als wenn's ihr Geld wäre. Da hab ich ihr die Spendenquittung von heute gezeigt, die ich an die SOS-Kinderdörfer überwiesen habe. Da hat sie dann gestammelt und gestaunt. Den ganzen Kopf voll Sülze. Das kann heiter werden …

Di 2.7.96

Wir drehen und drehen »Liebling Kreuzberg«, die Pensen scheinen sich nicht so sehr von denen zu unterscheiden, die es bei Masten gab. Ich erfinde recht viel. Fast alle originellen Sachen kommen auf meine Vorschläge hin zustande, die Regisseurin greift das meiste auf, schreckt nur hin und wieder zurück, weil sie nicht über ihren Schatten springen kann. Wahrscheinlich hat sie aber Befehl von Otto Meissner, mich nicht abzubremsen.

Heute haben wir im Gefängnis Keibelstraße am Alex gedreht, das früher auch das Ostberliner Polizeipräsidium war. Das ekelhafte, auf der Hofseite gekachelte Gebäude steht grau und staubig hinter Plattenbauten versteckt, halb noch gebraucht, halb schon aufgegeben, bewacht von denselben Kackern, die früher graue DDR-Uniformen trugen, jetzt das Senfbraun des Westens. Im 3. Stock habe ich »meine« Zelle Nr. 73 von 1958 wiedergefunden, in der ich mit fünfzehn anderen Gefangenen ein paar Tage zugebracht habe.

Ich war damals zwanzig Jahre alt. Eines Nachts war ich am S-Bahnhof Leninallee in die Straßenbahn eingestiegen und hinaus nach Hohenschönhausen auf die Rieselfelder gefahren, wo ich in der Privatstraße Nr. 6 bei der alten Frau Radke eine Dachkammer gemietet hatte. Ich war arm. Alles, was ich hatte, waren Hunger und ein paar Reclamhefte. In der Nacht, es ging schon auf Morgen zu, hatte ich keinen Groschen in der Tasche. Mein Umsteigerfahrschein für 35 Pfennig berechtigte mich zur Weiterfahrt Richtung Wartenbergstraße. Der Schaffner war der einzige Mensch in dem Waggon. Ich fragte ihn, ob er mich netterweise rausschmeißt, falls ich einschlafen sollte.

»Kann ich machen«, sagte der Mann.

Als es soweit war, hatte er es vergessen. Ich wachte an der Endstation auf, drei lange Haltestellen von meinem Ziel entfernt.

Während der Wartezeit hielt ich mich wach, ohne dem Schaffner einen Vorwurf zu machen. Als die Fahrt über verschneite Rieselfelder zurückging, kam er mit seiner Groschenorgel und verlangte 20 Pfennig für die Rücktour. Wenig genug. Aber ich hatte sie nicht.

»Sie haben mir versprochen, mich zu wecken«, sagte ich.

»Na und?«

»Und dann haben Sie mich nicht geweckt.«

»Das ist kein Schlafwagen. Sie treten eine neue Fahrt an, Sie lösen jetzt einen neuen Fahrschein.«

Ich stand auf und ging zum Perron, wohin der Schaffner mir folgte.

»Ich finde Sie unsympathisch«, sagte ich. »Aber wenn ich jetzt 20 Pfennig hätte, würde ich sie Ihnen geben.«

»Dann steigen Sie jetzt aus«, sagte der Schaffner.

Wir waren an einer Station auf freiem, schneebedecktem Feld angekommen. Er faßte meinen Arm und machte Anstalten, mich zur Tür zu schieben. Schmächtig, in seiner armen Uniform, die schlappe Schaffnermütze auf dem Kopf, stand er vor mir und schaute mich durch seine urinfarbene Ostzonenbrille feurig an. Wir fröstelten beide. Er tat mir leid. Mir selbst ging es schlecht. Es war nicht die Jahreszeit, um zwischen den Schrebergärten über die Zäune zu springen und mich mit einem Kürbis oder ein paar Gurken einzudecken, wie ich es sonst tat. Meine einzige Hoffnung war die Heringsschüssel, die Frau Radke stets unter der Kellertreppe aufbewahrte und aus der ich öfter einen halben Fisch stehlen konnte, und sie konnte so tun, als habe sie es nicht bemerkt. Jetzt mit leerem Magen zu Fuß über die Felder? Das hätte ich nicht geschafft. Deshalb zeigte ich dem Schaffner die Instrumente, indem ich ihm meine fleischige Faust vors Gesicht hielt.

Er blieb unbeeindruckt, läutete zur Weiterfahrt nicht ab, vielmehr hielt er meinen Arm fester und drückte mich heftiger zur Tür. Jetzt erst schlug ich ihm aus geringem Abstand eins auf die Nase. Die Brille fiel in Stücken zwischen unsere Füße, wir senkten beide den Blick, um zu den Trümmern hinunterzusehen, und mir ging das Wort »Notwehr« durch den Kopf, schon damals, mit zwanzig Jahren. So deutsch war ich.

Der Schaffner barg die Brillenreste und ging zum Fahrer nach vorn, mit dem er entschlossen zur Tür zurückkam, und während ich die beiden von oben herab betrachten mußte, erklärten sie mir abwechselnd, wie es mit mir weitergehen würde.

Der Morgen fing zu grauen an, als wir verspätet bei der Wartenbergstraße ankamen, wo der Verkehrsmeister wichtig meine Personalien aufnahm, ehe ich durch die winterlichen, kürbislosen Gärten dem Häuschen zustrebte. Und unter der Kellertreppe verschlang ich einen halben Hering.

Vier Wochen später bekam ich von der Berliner Verkehrsgesellschaft einen Brief, in dem zwar für die Brille kein Ersatz, jedoch 20 Pfennig Fahrgeld plus Porto plus 5 Mark Strafe verlangt wurden. Ich schrieb denen, wie die Sache sich verhielt, und weigerte mich zu zahlen.

Es vergingen zwei Monate, dann machten die 20 Pfennig plus Mahngebühren plus Porto schon knapp 11 Mark aus. Meine Antwort: Wenn ich schon 5,40 Mark nicht zahle, wäre es unlogisch, das Doppelte zu zahlen. Schließlich beliefen sich meine Schulden gegenüber Polizei und BVG auf mehr als 20 Mark.

Die Mahnung war vom Polizeipräsidium in der Keibelstraße gekommen und dazu die Aufforderung, mich im Weigerungsfalle zur Verbüßung der viertägigen Ersatzhaft ebendort nüchtern und mit Seife und Zahnbürste versehen zu melden. Darauf ließ ich mich ein. Ich hatte ein paar Drehtage in dem miserablen DEFA-Film »Reportage 57«, der Produktionsleiter brachte es fertig, daß ich vier Tage hintereinander frei bekam, und so konnte ich die Haft pünktlich antreten. Einziger Luxus in meinem Utensilienbeutel war eine Blechschachtel mit fünfzig Astor-Zigaretten aus dem Westen mit echtem Korkmundstück, die ich von einer Westfreundin geschenkt bekommen hatte.

Der Pförtner ließ mich passieren, nachdem er meine Personalien auf- und mir die Streichhölzer abgenommen hatte.

»Feuer gibt's in der Zelle«, sagte er.

Ein wichtiger Uniformträger holte mich ab, um mir die Sammelzelle zuzuweisen, in der schon ein paar Übeltäter warteten. Ein schmaler Junge in meinem Alter, verzweifelt, in zerrissener Hose, erzählte, daß man ihn bei der Flucht erwischt hatte. Er hatte sich als Häftling beim Landeinsatz in einer norddeutschen Ackerfurche versteckt. Nach dem Durchzählen haben sie ihn gesucht, und weil er die Wahrheit gesagt hatte, nämlich, daß er über die Ostsee nach Schweden abhauen wollte, haben sie ihn gleich für den nächsten Prozeß in die Keibelstraße gebracht.

Dann saß dort ein gebeugter Hungerhaken, kurz vor der Rente, mit einem kleinen Tabakpfeifchen ohne Tabak. Er war nicht gut auf die Justiz zu sprechen. Wegen Unzucht mit Minderjährigen hätten sie ihn verhaftet, lächerlich. Beim Geburtstag seines Schwagers hätte er bloß der kleinen Nichte, als sie sich zum Kuchenservieren über den Tisch gebeugt habe, ein bißchen unter den Rock gefaßt und an ihren Pobacken herumgefingert.

Allmählich trudelten noch einige jüngere Kerle ein, von denen einer in Trainingshose, ein dicker Bursche, andauernd seine Schamgegend kratzte, sicher hatte er Filzläuse. Die Leute habe ich alle nicht wiedergesehen, denn als die beiden an den Wänden der fensterlosen Zelle stehenden Blechbänke voll waren, wurden wir alle auf verschiedene Abteilungen im Haus verteilt.

Sa 17.8.96

Im Fernsehen, im ORB in der Sendung »Ungeschminkt«, sehe ich einen Film über etwa vierundzwanzig noch lebende polnische Frauen, die im KZ Ravensbrück von deutschen Mengeles auf das Grausamste verstümmelt worden sind. Man hat ihnen Muskelpartien aus den Beinen geschnitten, sie mit Bakterien verseucht, ihnen Sehnen durchtrennt, Knochen entfernt und so weiter, um zu »lernen«, was man in solchen Fällen medizinisch tun kann, wenn deutsche Soldaten durch Kriegseinwirkungen »ähnliche«

Verletzungen davontragen und wieder reif gemacht werden sollen für weitere Fronteinsätze.

Ich habe unter Clemens Kerber einen Brief an den ORB geschrieben mit der Bitte, mir den Namen der Organisation zu nennen oder ein Spendenkonto.

Inzwischen sind über 100.000 Exemplare von »Abgehauen« verkauft, und den Geldanteil, der sich aus dem »Mitschnitt« ergibt, will ich diesmal dorthin spenden.

So 25.8.96

Heute ein Abenteuer. Gegen 11.00 Uhr gehe ich zu Otti rüber. Die Tür von der »Werkstatt« schlage ich zu. Das zweite Schlüsselbund lasse ich versehentlich innen stecken. Otti will nicht mit zum Flohmarkt. Na gut, fahre ich alleine hin. Ich will die Tür aufmachen, geht nicht. Nix mit dem Flohmarkt. Wie komme ich wieder in meine Wohnung?

Der Nachbar wird angerufen, sein Sohn ist Dachdecker. Der Nachbar verrät mir unter dem Siegel der Verschwiegenheit, daß er momentan von seiner Frau getrennt lebte. Das könne sich aber wieder ändern. Der Sohn sei vielleicht im Garten. Otti fährt zu diesem Garten, während der Ingenieur in mir zur Tankstelle in der Martin-Luther-Straße fährt und drei Abschleppseile kauft. Ich klettere aufs Dach, mach die Seile an den beiden Blitzableitern fest. Ein kunstvolles Geschlinge von Stricken hält die Alu-Leiter an der Fassade, ich seile mich selbst mit einem Extraseil ab und klettere vom Dach in den 5. Stock, vorn auf der Straßenseite, wo Gott sei Dank ein Klappfenster offensteht. Manfred als Alpinist.

Herzfrequenz sauhoch. Alles läuft aber wie vorgesehen, ich springe in die Wohnung, wo ich den blockierenden Schlüssel abziehe. Eine Heldentat. War mal wieder Zeit. Ich mußte immer an einen Herzblackout denken, das wäre unangenehm gewesen. Aber ich hatte mich an einem Fangseil, das ich um den Kaminkopf geschlungen hatte, zusätzlich abgesichert. Im Alter denkt man an andere Sachen als in der Jugend. Als Otti nach Hause kommt, schrammt sie haarscharf an einer Ohnmacht vorbei. Der Dachdecker ist nicht im Garten gewesen. Der hätte erst morgen kommen können.

Sa 7.9.96

Heute Telefonat mit ORB und an die Spendenadresse erinnert.

Mo 9.9.96

Brief vom ORB. Ich telefonierte mit der zuständigen Dame unter C. Kerber. Sie sei in Ravensbrück Gefangenenschwester gewesen, kenne alle diese Frauen aus dem KZ, wo sie selbst in der Station gearbeitet habe. Nur wenige seien noch am Leben, sie kratze mühsam Geld für die Frauen zusammen, die jetzt die Medikamente aus dem Land brauchen, deren SS-Schergen sie einst verstümmelt haben. Sie hätten von der Bundesrepublik in all den Jahren 200.000,– Mark bekommen, mehr nicht. Die Frage, ob sie eine Spendenbescheinigung ausstellen dürfe, mußte sie verneinen. Ich möchte aber den Staat, dem ich sonst durch keinen der gängigen Tricks Steuern vorenthalte, beim Spenden unbedingt »mitnehmen«.

Di 17.9.96

Um 17.30 holt man mich ab, es geht zu einer Lesung auf den »Poetendampfer«. Das ist ein Schiff, mit dem deutsche und polnische Schriftsteller ein paar Tage auf der Oder herumfahren und sich gegenseitig aus ihren Werken vorlesen. Der Fernsehautor Felix Huby (Hungerbühler) hat mich neulich in der Kneipe »Diener« zu der Teilnahme überredet. Niemand hat mir gesagt, daß der Abstaubersender ORB daran beteiligt ist. Das habe ich erst auf dem Kopf des Briefes gelesen, in dem die Abholzeit mitgeteilt wurde. Ich habe es abgelehnt, mich von einem ORB-Auto fahren zu lassen. Nun schicken sie mir ein anderes. Wenn dort ein Mikro oder eine Kamera auftaucht, gehe ich nach Hause. Mal sehen.

Abends zu Hause. Das Auto war nicht vom ORB. Die Lesung fand im Schwedter Kino statt, das man vor der Wende für die im dortigen Chemiekombinat geplanten werktätigen Massen viel zu groß gebaut hatte. Es war gut halb voll. Eigentlich sollte eine polnische Autorin die Hälfte des Abends bestreiten, sie war aber krank, so las ich denn statt 45 Minuten knapp zwei Stunden.

Zwei Personen verließen während der Stasigeschichte den Saal. Ich las nicht aus dem Buch »Abgehauen«, sondern zum ersten Mal meine ungedruckten Erzählungen. Die Leute lachten, mokierten sich, klatschten »auf offener Szene« Beifall, zum Beispiel nach einem in »Die Katze« vorkommenden kunstvollen langen Satz, den sie von mir offenbar nicht erwartet hatten. Huby zeigte sich begeistert und sprach von meinen »Texten«, die ihm gefallen hätten, und wenn ein deutscher Schriftsteller sich bereit findet, das, was du geschrieben hast, »Texte« zu nennen, dann hast du das Schlimmste überstanden.

Das war ein Erfolg.

Das Alter fängt an, mir die Kräfte zu rauben. Ich drehe fast jeden Tag an Jureks Serie »Liebling Kreuzberg«. Die Arbeit daran geht weit über das hinaus, was ein Schauspieler in Deutschland gewöhnlich tut. Ich ändere gnadenlos den Text, streiche, füge hinzu, mische mich in die Arrangements und in die Auflösung von Szenen ein, wozu ich Gott sei Dank das Vertrauen des Produzenten Otto Meissner habe. Mit der Regisseurin komme ich deshalb von Woche zu Woche besser aus, sie »lernt« manches über Rhythmus, den jeder Film braucht, und über Doofheit, die jeden Film verdirbt. Das hat sie inzwischen verstanden, nun gibt es nur noch Meinungsverschiedenheiten darüber, was Rhythmus und was Doofheit ist.

Nach Feierabend fehlt mir die Kraft, mich ans Tagebuch zu setzen. Die Lücken werden immer größer.

Ich erfahre nichts über Jureks Krankheit. Ach, wäre das wunderbar, wenn die schwere Operation, die er hinter sich gebracht hat, ihn gesund machen würde.

Do 19. 9. 96

Meine kleine Marlene ist heute ein Jahr alt. Seit einem Monat läuft sie. Fast jeden Abend ist sie bei ihrem Papa zu Besuch, mit der Mama. Und immer wenn Petra sagt: »Sag mal Mama!«, dann sagt sie: »Papa!«

Ich habe ihr ein flauschiges, liegendes Lämmchen von Steiff geschenkt, sie macht »ei« und küßt das kleine Vieh. Sie hat noch keinen Zahn, läuft aber seit einem Monat wie eine junge Ente. Sie läuft abwechselnd mit einem Fuß übern Onkel. Manchmal frage ich mich, ob Otti was weiß. --

Frei 20. 9. 96

Hagen Mueller-Stahl, der ältere Bruder von Armin Mueller-Stahl, hat Otti und mich zu seinem 70. Geburtstag eingeladen, den er in der Danckelmannstraße 43 beim »Dicken Wirt« feierte und den er am 15. August mit folgenden Worten angekündigt hat:
»Liebe Freunde, Verwandte und Nichtverwandte,
auf der Strecke durch das Dickicht rasanter Beschleunigungen, abrupter Verlangsamungen und auch Momenten glücklichen Stillhaltens erreiche ich auf der immerwährenden Lebensskala die Zahl 70, in Worten SIEBZIG« usw.
und unten drunter das neuerdings unverzichtbare »Spenden, auch geringe, sind mir lieber als Blumen und etwaige Geschenke. GOSSNER MISSION, 12439 Berlin ...« Kontonummer, Bankleitzahl usw.

Außer Armin waren alle seine Verwandten da, auch die früheren Ehefrauen nebst Kindern und einige Freunde. Erstaunlich, wie gut sich alle diese Menschen waren, die sich ja irgendwann einmal nicht länger ertragen konnten, sonst wären sie nicht auseinandergelaufen. Alle herzten und küßten sich, und keiner sprach schlecht über den anderen.

An diesem Abend lernte ich an unserem Tisch den früheren Bühnenbildner der Ostberliner Volksbühne, Roman Weyl, kennen, der mit seiner Frau dort war, die eine Tochter von Fritz Wisten ist. Weyl ist Mitglied in dem Verein »Friedensinitiative Zehlendorf«, der sich unter anderem um die Pflege von KZ-Gedenkstätten kümmert. Dieser Verein hat die Erlaubnis, Spendenquittungen auszustellen.

Wir haben überlegt, ob ich nicht die Summe, die ich aus dem Bucherlös gern an jene noch lebenden polnischen Frauen spenden möchte, die in Ravensbrück von den kleineren Mengeles verstümmelt worden waren, gegen Quittung an seinen Verein überweise, wo das Geld eine Weile zwischengelagert und von wo es dann nach Warschau überwiesen werden kann. Die Sache ist in Arbeit.

Mo 30.9.96

Jurek hat heute Geburtstag. Schon seit Jahren feiert er nicht. Deshalb finde ich nichts Besonderes daran, daß er den Tag auch dies Jahr übergeht.

Mi 2.10.96

Jurek ruft mich nur selten an. Heute macht er eine Ausnahme und erzählt mir, daß er nach Samarkand fahren wolle. »Ich werde dort würdig Deutschland vertreten«, sagt er witzelnd. Was er dort wollte, weiß ich nicht. Wahrscheinlich wollte er den zwei usbekischen Germanisten aus seinen Werken vorlesen.

So 20.10.96

Mittags bin ich unangemeldet einfach so zu Jurek gefahren. Er sah schlecht aus.

Ich hatte Mühe, mein Gesicht im Zaum zu halten, so mager war er geworden, hohläugig, elend.

Als ich eintrat, sagte er: »Dein Jurek ist ganz dünn geworden …«

»Sei froh«, sagte ich obenhin, »ich werde immer dicker.«

Ich berichte Jurek von der Filmfront, und da habe ich eigentlich viel Gutes, was ihn ein bißchen erheitert. Plötzlich wird mir klar, daß Jurek sterben muß. Mein einziger Freund, den ich kaum kenne, der sich nicht kennen läßt, muß sterben. Ich muß auch sterben, aber ich weiß wenigstens nicht, wann. Bald schon, das weiß ich. Aber nicht so bald wie mein geliebter, armer Jurek.

»Ich bin froh, daß ich die Arbeit habe«, sagt er an einer Stelle, »worauf soll ich sonst warten?«

Rudolf Scharping hat es wahrgemacht, er ist wirklich ganz allein zu Besuch gekommen. Weil ich von Politik und Politikern zu wenig weiß und weil ich der Politik-Show generell müde bin, habe ich mich hinter einigen aufgeweckten Freunden verschanzen wollen, was mir mit Mühe gelungen ist, denn genau genommen habe ich nur ganz wenige aufgeweckte Freunde. Sie sind, bis auf Jurek, alle gekommen: Christine Becker allein, Charly und Karin Pröbrock und Frank Beyer mit seiner Neuen, die heißt Karin Kiwus, schielt ein bißchen, ist aber niedlich und weiß es. Frank Beyer ist nicht niedlich, und das weiß sie auch. Ottilie hat Kohlrouladen gekocht, und jedes Mal denke ich: so gut waren sie noch nie.

Di 22.10.96

Ich kucke mir neuerdings all die schrecklichen DDR-Filme an, die es auf ORB und MDR zu sehen gibt und die ich damals nicht mit dem Hintern angekuckt habe. Heute habe ich nachts eine der vielen Bau- und Betongurken gesehen. Diesmal eine von dem Regisseur und Drehbuchautor Seemann von 1972. »Reife Kirschen«.

Schrecklich. Wer sollte dafür ins Kino gehen? Die DDR-Menschen sind alle erstunken und erlogen, aber mehr erstunken. Das einzige, was an ihnen stimmt, ist, daß sie sich reihum anschnauzen und in häßlichen Wohnungen mit fürchterlichen Möbeln wohnen. Die Traudl Kulikowsky hat süße kleine Titten, das ist das einzige. Kernsatz von Günther Simon: »Das Leben ist kompliziert.« Eberhard Esche tritt zum hundertsten Mal als Cowboy ohne Pferd auf, in der Maske von Bob Kennedy. Wie wollte man mit solchen Menschen, mit solchen Ekelpaketen, den Sozialismus aufbauen? Nur in dieser späten Erkenntnis, die man freilich früher hätte haben können, wenn man sich die Machwerke damals angekuckt hätte, kann der geheime Wert des Films liegen.

So 27.10.96

12.00 Uhr, Herr Wandrey vom Henschel Verlag war da, hat mich gefragt, ob ich Interesse an einem Buch über mich habe. Nein, habe ich gesagt, sobald ich aufhöre zu arbeiten, will ich selber ein Buch über mich schreiben, und das würde ich aus Treue zu Krista Maria Schädlich wahrscheinlich wieder bei ECON machen.

Sa 9.11.96

Heute, wie so oft samstags, im Gerichtssaal Tegeler Weg gedreht. Anschließend unter die Dusche und nach Hohen Neuendorf gefahren.

Müde um 20.00 Uhr nach Hause.

In der Tiefgarage höre ich nach dem Aussteigen die Worte: »Krich keinen Schrecken ...« Peti sitzt mit Püppi auf den kalten Steinen im Garagenkeller. Sie hatten keine Herberge gefunden, weil Otti noch da war. Die Kleine in bester Laune, kein Heulen, obwohl mit eher kalten Füßchen und Händchen. Wenn sie mich anlacht, hat sie viel Ähnlichkeit mit Fanny vor 25 Jahren. Wir hoch. Otti war nun doch unterwegs, hatte aber zwei Spießchen und einen guten Kartoffelsalat aus Bamberger Hörnchen dagelassen.

Morgen muß ich, obwohl Sonntag, eine große Regenarie für »Liebling Kreuzberg« drehen.

Mi 13.11.96

Vor wenigen Monaten machte sich Jurek noch einen Spaß daraus, die fünf Treppen in meinem Haus zu Fuß schneller zu bewältigen als wir mit dem Fahrstuhl. Er saß dann oben auf dem Treppenabsatz, unterdrückte seinen Atem und sagte: »Ich hätte längst eine Tasse Kaffee getrunken, wenn es eine gäbe.«

Püppi hat von heute auf morgen beschlossen, keine Muttermilch mehr zu trinken. Sie will nicht mehr an die Brust. Petra pumpt noch so lange ab, bis ihr Milchquell, der so lange und zuverlässig gesprudelt hat, versiegt. Man sieht ihr ein wenig die Verwirrung an. Es ist für sie ein Abschied von der Babyzeit, von der innigsten Haltung, die Mutter und Kind miteinander haben können.

So 17.11.96

Nachts halb vier. Auf ORB der DEFA-Film »Nebel« von 1962 mit Arpe, Schreiber, Simon, Esche. Man kann sagen, daß es der einzige »Ami-Film« ist, den die Deutschen je gedreht haben.

Regie: Jo Hasler. Hatte ich nie gesehen.

Vor ein paar Tagen kam von dem ehemaligen Bühnenbildner Roman Weyl, der jetzt als Rentner irgendeinen gehobenen Posten bei der »Friedensinitiative« innehat, die Nachricht, er habe es bewerkstelligt: ich kann von seinem Verein eine Spendenquittung über eine gewisse Summe bekommen.

»Es ist mir sehr peinlich … äh … ich kann nicht gut … äh … ich will nicht betteln, aber wissen Sie, wie viel Geld auf unserem Vereinskonto ist? 25,– Mark.«

Also habe ich ihm, als Dank für seine Spendenquittung, von den polnischen KZ-Opfern was abgezweigt. Er kriegt für den Verein etwas, und der Rest geht nach Polen zu den Frauen. Flugs habe ich darüber ein Briefchen geschrieben und es all den großen Künstlern zugeschickt, die am Lamberzgespräch teilgenommen hatten. Da werden sie sich wieder ärgern. Ich habe denen geschrieben, das sei ja Geld, welches sie selbst »verdient« hätten, und hab mich bedankt.

Auch der Schriftsteller Dieter Schubert hat dieses Briefchen bekommen. Vor ein paar Tagen kam in der »edition ost« ein trostloses Büchlein von ihm heraus. »Puppenspieler Pippow« heißt es und drunter steht »Eine Satire«. Es ist eine Schlüsselsatire, in die man aber ohne jeden Schlüssel reinkommt, und wenn man drin ist, ist nichts los. Eine schwache Potenzerinnerungsgeschichte des älter werdenden Dünners (Gegenteil von Dichter) ist mühsam aufgepeppt worden, nach der schon von Armin Mueller-Stahl in dessen Werk »Verordneter Sonntag« erfundenen Methode, ein Misthäufchen durch Drapage mit etwas altem Zeitungspapier lesbar zu machen. Vorne drauf ist Biermann mit einem Heiligenschein zu sehen, damit die Schubertleser wissen, wer Pippow sein soll. Das Buch vertreibt keine Langeweile, und man lernt rein gar nichts. Es ist kein Geheimnis drin, jeder Hergelaufene versteht jedes Wort.

Püppi macht sich zu Hause bei ihrer Mama folgendermaßen verständlich: Wenn sie mir einen der vielen Besuche abstatten möchte, bringt sie der Mama ihre Mütze (»Muke«) und die Schühchen, streckt ihr beides entgegen und sagt: »Papa.«

Auf meinem Bücherregal sitzt ein teurer großer, mit echten Sägespänen gefüllter Teddy. Immer wenn Püppi da ist, entdeckt sie ihn irgendwann, zeigt mit dem kleinen grübchengeschmückten Zeigefinger nach oben und sagt den ersten quasi kompletten Satz ihres Lebens: »Papa, Teddy!«

Abends im Fernsehen die zweite Hälfte einer Quasselrunde gesehen, mit Plenzdorf, Schlesinger, dem armen Schubert, Gaus, Kant ...

Ein elendes Gerede, welches keinerlei Langeweile vertrieben hat. Kant, so unglaublich häßlich der Mensch ist – nicht, weil Gott sein Gesicht so geschnitten hätte, sondern weil Kant in diesem Gesicht seinen Schleim und Erfolgseifer und seine Machtgeilheit nicht verbergen kann –, dieser schäbige Bursche war immerhin der Schlaueste in der Runde, denn auf die Frage einer Moderatorin, ob der Biermannrausschmiß 1976 der Anfang vom Ende der DDR gewesen sein könnte, hat er als einziger richtig geantwortet. Die anderen Dichter wollten Biermann die Ehre nicht gönnen.

Di 19.11.96

»So viele Träume« heißt ein DEFA-Kunstgewerbe-Fellini auf ORWO-Color, geschrieben und in Szene gesetzt von dem unerträglichen Heiner Carow.

Immer fährt die Kamera auf Jutta Wachowiak zu, die, wie auch die anderen Schauspieler, immer vom Lachen ins Weinen fällt und wieder zurück, was die junge Schell in »Gervaise« ein einziges Mal und gleich so vollendet schön gemacht hat, daß man es nicht vergessen kann.

O all die falschen Fressen. Wie die sich alle anmaulen. Und die Wachowiak mit dieser Tapferkeit! Mit diesem Mutter-Courage-Lebensmut, daß man ganz leidend wird. Bis jetzt stand auf meiner Liste der miesesten Filme auf Platz 1 immer »Revue um Mitternacht«; jetzt ist es »So viele Träume«, Nervensäge von einem Film.

Mi 20.11.96

Die kleine Püppi konnte mit zehn Monaten »Kack,kack,-geil!!« sagen. Dann ging es langsam vorwärts. Heute kann sie aktiv: (Safran macht den Kuchen) GEEL!, Ball, Papa, Opa, (eins, zwei) Deih!, Mama, Püppi, (Hoppa, hoppa R)eiter!, Teddy, Hund Schuh, böse, Hatschi, ein, o.k., Ja, Ab geht die Post (»Abejah«), nei nein nein, Nase, Marlene (»Meke«), Auto, Baby, Da!, Danke / Bitte, Quak für grün, Zwack für Wäscheklammer, Piek für alles Spitze …

Und passiv: Hand / Händchen, Mund, Ohr / Öhrchen, Fuß / Füßchen, Hol mal ..., Gib her ..., Bring zu ..., Komm zu ..., Bussi geben, Drücken und vieles, vieles mehr.

Mi 27. 11. 96

Heute von Salzburg zurückgekommen, wohin ich am Abend des 25. 11. geflogen war. Am Dienstag alles grau, Nieselregen, Nebel, vom Watzmann nichts zu sehen. Man hatte auf einer Anhöhe in einem bekannten Hotel zwei Zimmer mit Panoramascheiben ausgesucht, mit Blick auf die Berge und das malerische Tal, in dem Salzburg liegen sollte. Es war außer Nebel nichts zu sehen, nicht einmal ein Baum oder Strauch im Vordergrund. Katastrophe. Ich schlug vor, der österreichische Schauspieler, der den Hotelier spielt, zeigt mit der Hand in das Grau und sagt begeistert: »Hier sehen Sie den Watzmann, den Watzmannvater, die Mutter und die Watzmannkinder. In der Mitte den Soundsoberg, rechts im Tal malerisch die Salzburgfeste und darunter die Stadt.« Schnitt auf mich: blöder Blick. Schnitt zurück auf den Geschäftsführer: »Sonst!« Dann folgt die Szene wie im Buch.

Am nächsten Tag dasselbe. Ein anderes Zimmer, wieder die graue Panoramascheibe, wieder außer ein paar Schneeflocken nichts zu sehen. Ich starre mit dem Fernglas in das Grau, jodle kurz, höre das Echo und sage: »Doch, da müssen Berge sein.« Der Geschäftsführer bringt wieder den Text mit der Watzmannfamilie und endet wieder mit: »Sonst«.

Kaum hat der Schauspieler das Zimmer verlassen, da klart das Wetter in Minutenschnelle auf, es erscheinen: der Watzmann, Salzburg und die Sonne. Unglaublich. Zum Nachdrehen ist es zu spät. Ich spielte also einen kleinen Doubletake, entdecke mit den Worten »Das kann doch nicht wahr sein!« den Watzmann und führe die Kamera gehend auf den Balkon, wo sie über meinen Rücken das ganze Panorama aufnimmt. Was soll man machen.

Frei 29.11.96

Abends auf ORB den 63er DEFA-Film »Jetzt und in der Stunde meines Todes« in Schwarzweiß und Cinemascope gesehen. Zum Einschlafen. Die Regie von Konrad Petzold ist so schlecht, daß außer Nico Turoff alle schlecht sind. Uli Thein und Schulze sind traditionell schlecht. Hanns Anselm Perten, der vor seinem Tod Intendant von Rostock war, ist schlecht, nur seine Schwabbelbacken erinnern ein bißchen an Charles Laughton. Inge Keller, bekannt durch ihren guten Ruf als Schauspielerin, ist schlecht. Sie weiß nicht, wie es gemacht wird. Wolf Kaiser, schlecht und früh erschossen in diesem Film. Wirklich groß war er nur als »Meister Falk«. Hannes Fischer war gut. Das Schönste im Film war ein Grundig »TK 36«. Sabine Thalbach hat einen phantastischen Hintern. Ehlers und Naumann knallchargieren. Bruno Carstens kuckt das Telefon an. Alle Schauspieler sitzen auf ihren Hintern, nebeneinander, weil's Cinemascope ist. Das schönste Bild besteht darin, daß ein Kellner in Echtzeit Sekt einschenkt und Thein und Perten sich je eine Zigarette anzünden.

Di 3.12.96

Drehtag gerettet. Zuerst aus Folge 14 »Liebling« eine Szene mit Axel Delmare[7] gedreht. Da haben sie den abgerissenen Axel als Bauern verkleidet vor ein schick restauriertes märkisches Bauernhaus gesetzt. In Lübars. Axel sieht aus wie ein Penner, der vor anderleuts Haus sitzt. Ich habe darauf bestanden, daß das Haus getauscht wurde. Gegen ein bescheidenes Bauernhaus. Die Regisseurin weiß nicht, daß Dekorationen im Film was zu erzählen haben. Anschließend Fahrt nach Wannsee, in eine Minivilla, in der sich der von der Staatsanwaltschaft Gejagte versteckt halten soll. Wieder ein Mißgriff. Die Regisseurin kommt und sagt, sie wolle den Drehtag abbrechen, weil die Dekoration völlig un-

---

7 Eigentlich Fred, Freunde durften ihn Axel nennen.

passend sei. Recht hat sie. Der Aufnahmeleiter entdeckt den Keller des Hauses. Wir drehen das Bild passenderweise im Keller. Auflösung selbst gemacht, und nicht schlecht. Stolz.

Abends um 11.00 im BR in der Sendung »Kompass« einen Beitrag über Rußland gesehen. Rußland hungert. Kann nicht gutgehen. Die Russen werden bald mit dem Beil vor den Berliner Wohnungstüren stehen und um Einlaß nachsuchen.

Nachts auf ORB den 65er DEFA-Film »Ohne Paß in fremden Betten« gesehen. Hat Jurek einst geschrieben. Schwer gelacht. Ich meine, es war schwer zu lachen. Alle waren drin: Gerhard Bienert, Carola Braunbock, Christel Bodenstein mit ihrem Ohr, Eva-Maria Hagen, Horst Kube, Otto Stark, Kurt Kachlicki, Norbert Christian und sogar der schreckliche Werner Lierck. Mein Gott, was habe ich damals alles nicht gesehen. Und was sehe ich mir alles auf die alten Tage an.

Do 5.12.96

Zwei von der Werbeagentur SEA sind mit zwei neuen 30-Sekunden-TV-Spots und drei Funkspots für Telekom angereist. Hübsche Ideen mit falschem Zungenschlag (»Die Telekom macht sich ...«). Ich habe wie immer interveniert und geändert. Problemlos. Die Agentur und offenbar auch die Telekom (Herr Kindervater) haben schon etwas eingesehen. Der eine sagte, Ron Sommer, der Telekom-Chef, wolle mir eine persönliche Einladung schicken und mich anläßlich einer Weihnachtsfeier in Bonn am 12.12.96 persönlich sprechen. Das sei ihm ganz wichtig, daß er mir eine persönliche Einladung schicken könne. Worüber spricht man mit denen?

Frei 6.12.96

Heute Abend beim »Dicken Wirt« in der Danckelmannstraße mit »Novafilm« die bevorstehende Pause in »Liebling Kreuzberg« gefeiert.

Viele waren da, auch Otto, der mir eine »Familienserie« vorgeschlagen hat, »so ähnlich, wie das damals mit Heinz Erhardt war …«. Ich habe abgewinkt. In seiner kleinen Rede deutete Otto an, daß es vielleicht eine weitere Fortsetzung von »Liebling« geben könnte. Die Regisseurin fragte danach immer wieder: »Hast du das mit der Fortsetzung gehört?« Es schien ihr das größte Lob. Der Kameramann berichtete von einer dreistündigen Vorführung, sie sei sehr erfreulich gewesen.

Zettel von Otti im Flur: Irene Dische möchte uns gern am Sonntag, dem 8.12., sehen. Ihr Mann würde kochen.

Frank Beyer will wegen des TV-Films »Abgehauen« angerufen sein, ehe er für eine Woche nach Ägypten fährt.

So 8.12.96

Besuch bei Familie RA Becker. Irene (Eirihn) war so nett wie nie. Sie scheint ein bißchen in Otti und mich vernarrt zu sein. Vielleicht in mich ein bißchen mehr. Ich finde sie reizend aufreizend. Man müßte noch mal zwanzig sein usw.

Irene kann sich an jede Geschichte erinnern, die ich je dort erzählt habe. Das ist günstig. Sie ist vielleicht ein Steinbruch für mich, wenn Alzheimer fortschreitet?

Mo 9.12.96

Flug nach Hamburg, wo ich zwei TV-Spots für Telekom drehen soll. Wohne dort im »Marriott«-Hotel.

Di 10.12.96

11.00 Uhr in den Studios der »Markenfilm«. Die Botschaft des TV-Spots von 25 Sek. Länge: Man kann jetzt auch zu dritt telefonieren, sowohl gleichzeitig als auch nacheinander. Text hatte ich schon in Berlin geändert. Viel gestrichen. Dennoch war der Spot so randvoll mit Text, daß er kaum darstellbar war. Das alte Lied.

Mi 11.12.96

11.30 Uhr im »Markenfilm«-Studio, wo sie einen schönen Frisörsalon aufgebaut hatten. Gute Arbeit. Schönes Licht. Botschaft: Man kann jetzt sein Telefon programmieren, so daß es selbst weiterschaltet, wenn man sich woanders aufhält. Der Gesprächspartner wählt also die alte, ihm vertraute Nummer in Berlin, das Gespräch kommt an in Kairo oder Zehlendorf, wo man zu Besuch ist.

Den Spot hatte ich in Berlin schon geändert, am Drehort noch nette Details dazugefunden, wie etwa nasses Tuch (Kompresse) auf dem Gesicht an der Stelle »Telekom – die machen das!«

Do 12.12.96

Flug von Hamburg nach Köln-Bonn, gerade so am Warnstreik des Lufthansa-Bodenpersonals vorbeigeschrammt. Sauwetter, in Köln Sonne.

Punkt 15.00 Uhr bei Ron Sommer in der Telekom-Zentrale. In Empfang genommen von Jürgen Kindervater, einem kleinen, flinken Mittfünfziger, der haargenau aussieht wie Charly Chaplin ohne Maske in demselben Alter. Kindervater ist Chef der Presse und Werbung. Auf konspirativen Wegen in Ron Sommers Büro, Fahrstuhl kodiert und abgeschlossen. Kindervater: »Der Mann ist hoch gefährdet.«

Sommer ebenfalls zierlich. Hübsch. Kann sich nur mit Mühe konzentrieren, sein Gehirn überschwemmt mit Sorgen. Er quält sich in die Niederungen unseres Gesprächs, das finde ich ehrenhaft für mich. Arme Sau. Sommers Job? Für kein Geld der Welt. Dreimal fällt das Wort »Bundeskanzler«. Sommer spürt wohl Halt an dem Dicken. Diesen Halt braucht er auch. Wehe, wenn der ganze Laden einbricht. Wie soll einer mit 60.000 deutschen Beamten einen guten kapitalistischen Betrieb aufbauen? Das wäre ein Wunder.

Ich frage Sommer, ob der Apparat von Philipp Reis auf seinem Regalbrett ein Nachbau sei oder ein Original. (Original geht gar nicht.) Er ist erstaunt, daß ich den schwäbischen Pechvogel kenne und zeigt mir noch ein paar andere Kommunikations-Altertümer (Bell, Siemens, Mix & Genest). So was habe ich alles selbst und in besserem Zustand, sage ich. Staun.

Dann reden wir über meine Auffassung von Werbung. Ich sage: Kein Insistieren, kein Indoktrinieren, nicht die Takes mit Text überladen, keine Inflation von Botschaften, nicht dauernd den Namen Telekom aufsagen, nicht servil grinsen, nicht schmusen und einschleimen. Beide sagen, sie seien ganz auf meiner Seite, sie hätten volles Vertrauen zu mir, ich solle nur machen. Wunderbar.

Abschied. Kindervater geht mit mir hinter die Bühne, auf der Sommer eine Rede hält. Dann bin ich dran. Im Saal stehen etwa 2.000 Menschen. Er überreicht mir nach langem Applaus einen 5-Telekom-Aktien-Schein, hinter Glas, zum Andiewandhängen. Dann läßt man mich gnadenlos Autogramme geben. Neben meinem linken Ohr schüttelt der kleine Kindervater gnadenlos die Sammelbüchse für Unicef, bis ich ihn, links fast ertaubt, bitte, ein Stück apart zu bleiben. Zwischendurch ruft er Leuten zu: »Halt! Moment! Erst spenden!« Das ist nun leider schrecklich. Die Schlange wird nicht kürzer. Kein Mensch will einfach nur ein Autogramm. Alle »versorgen« die ganze Verwandtschaft, und immer muß ich draufschreiben: »Für Thorsten, für Torsten, für Kirsten, für Kerstin, für Kirstin, für Kersten, für Karsten.« Bis ich nach anderthalb Stunden aufstehe und den Betrieb einstelle. Schluß. Nase voll. Leichte Verstimmung zwischen Kiva und mir, weil ich ihm vorhalte, er sei zu keinem Zeitpunkt auf die Idee gekommen, daß ich erschöpft sei.

Danach zu einem Italiener, dort vorzüglichen Lammrücken gegessen und Rotwein getrunken. Am Schluß alle voll, das Gespräch drehte sich um die Frage: Welche gesellschaftliche Situation ist der Entstehung von Kultur dienlich? Alle brachen in fürchterliches Gewäsch aus, kein Thema dazu besser geeignet.

Im Hotel einer Bande von Computerspezialisten in die Hände gefallen, die mich zum Kölsch und zum Mitreden über Computerfragen eingeladen haben.

Frei 13.12.96

Von Köln-Bonn nach Hause geflogen, dort Otti begrüßt. Bratwurst mit Rosenkohl gegessen. Saugut. Otti abends zur Schulweihnachtsfeier. Ich die Püppis eingeladen. Das Kleine macht Fortschritte. Sie wird ein Mensch, das heißt, sie wehrt sich und setzt Interessen durch. Wenn etwas nicht flutscht, inszeniert sie kurz einen Schreikrampf. Phantastisch. Auf alles, was sie haben will, zeigt sie mit ihrem Zeigefinger und stößt dazu einen kurzen stilisierten Jammerton aus.

Sa 14.12.96

Viel absagende Post erledigt, vor allem an Journalisten. Um 19.00 Uhr zum Abendbrot bei Pröbrocks eingeladen. Ich werde mit Ottis Auto fahren, um es einmal zu bewegen. Nein, Ottis Auto hat einen total leeren Akku, wir fahren mit meinem.

Vor der Tür des Pröbrockschen Hauses steht eine Jaguar-Limousine, die gehört Dr. Meinhard Lüning. Er war während der letzten Monate ein bißchen böse auf mich, weil ich ihn wegen seines schwindenden Haupthaars gefrotzelt hatte.

Wir hatten schönen Klatsch über den toten Kurt Belicke, der einmal im Suff, Silvester 1972, aus meiner Vorratskammer eine ganze Leberwurst und vom Gabentisch der Kinder eine Sammlung bunter West-Filzstifte geklaut hatte. Ich hatte damals das Zeug einfach aus seinem Mantel genommen, den er schon angezogen hatte, als er am Ende der Party unser Haus verließ. Vorher wußte ich nämlich nicht, wem der Mantel gehörte, in dessen Tasche mir das herausragende Leberwurstende aufgefallen war. – Dann über den Schauspieler Pit Reinecke, der auf einer Party bei Lünings, ebenfalls im Suff, ein paar kleine West-Whiskyflaschen mitgehen lassen wollte. Nur ich habe nichts davon erzählt, daß ich bei dem Arturo Ui-Meistermimen Ekkehard Schall und seiner Frau, der giftigen Babs, nach der dort gefeierten Silvesterparty jedes Jahr eine Flasche Tabasco geklaut habe.

Mo 16.12.96

Der ECON Verlag, der »Abgehauen« bis jetzt 140.000mal verkauft hat, will das Buch auch als CD und als MC rausbringen. Der Sender MDR in Leipzig, für dessen Rundfunkabteilung ich das Buch schon einmal auf Tonband gelesen und der diese Lesung wiederholt komplett gesendet hatte, will die alte Aufnahme nicht herausrücken. Ich hatte denen angeboten, sie zu den Originalkosten zu kaufen. Seit klar ist, daß ORB und MDR den alten Ostzonenschauspielern grundsätzlich keine Wiederholungshonorare für deren DDR-TV-Filme zahlen wollen, arbeite ich nicht mehr für diese Stationen. Die Rechte an dem Text von »Abgehauen« sind mir geblieben, also habe ich mich folgerichtig geweigert, einer Wiederholung der Sendung zuzustimmen. Nun sitzen sie auf den für sie unbrauchbaren Tonbändern und rücken sie nicht raus. Also mußte ich das ganze Buch noch einmal lesen. Heute habe ich um 11.00 Uhr damit angefangen. Im ITP-Studio. Es war hart. Meine Konzentrationsfähigkeit läßt dramatisch nach.

Di 17.12.96

Um 11.00 Uhr Lesearbeit von »Abgehauen«, zweiter Tag. Nach vier Stunden ließ meine Stimme nach. Etwa ein Viertel der Arbeit bleibt für morgen übrig.

Abends auf ORB perverserweise den DEFA-Film »Liebeserklärung an G. T.« von 1971 gesehen. Ein Baugrubenfilm der höheren Art, kombiniert mit Motiven aus der Deutsch-Sowjetischen Freundschaft, von dem Meister Horst Seemann. Breitwand Farbe. Eine Frau soll irgendwas Wichtiges tun, leiten soll sie, glaube ich, und obendrein will sie ein Kind kriegen. Wer soll sich das im Kino ankucken? Und wir Schauspieler spielen jede Sülze. Wir wollen auch, daß es uns gutgeht. Mitgespielt haben Jürgen Frohriep, Erik S. Klein, Herwart Grosse, Holger Mahlich (Holger Mahlich, holger back ich, überholger hol ich mir der Königin ihr Kind) und andere. Die unvergeßlichsten Sätze: »Sibirien ist immer wieder schön.« und »Oder soll ich meinen Sohn etwa auf den Schreibtisch legen?«

Die UFA hat mir einen Vertragsentwurf geschickt. Darin wird erwartet, daß ich mich um die Frage der Persönlichkeitsrechte für die Ostkünstler kümmere, die damals an dem Lamberzgespräch teilgenommen hatten. Die sind wohl nicht ganz intakt?

Mi 18.12.96

11.00 Uhr letzter Termin zum »Abgehauen«-Lesen. Mit Mühe fertig geworden. Fühlte mich schlapp und ausgelaugt die letzten Tage.

Abends mit Otti zu Roman Weyl und seiner Frau zum Essen eingeladen. Dessen Organisation »Friedensinitiative« hatte ich Geld gespendet, zum Dank dafür, daß er mir geholfen hatte, Geld nach Polen zu spenden. Sie wohnen in einer gutbürgerlichen Bauhausvilla, die außen schick und innen mick aussieht. Er hat wohl Kinderlähmung gehabt und humpelt, sie will alles wissen, was die Kinder machen, von wem sie Kinder haben und so was, und am liebsten alles in den ersten fünf Minuten. Es gab Gänge: erst zwei kleine graue Fertigpüfferchen mit Lachs und Avocadomus, dann Lammragout mit Spätzle, dann Langnese-Eis. Alles prima. Die Tochter Renate war auch da, recht angenehm, weil jünger. Hagen Mueller-Stahl mit Frau Eva waren da. Renate Weyl gefällt der Name Renate nicht, da weiß man doch schon was, sie ist Verzweiflungs-Single. Aber der Name Eva gefällt ihr. Hagen Mueller-Stahl gefällt der Name Hagen hingegen gut. Die Weyls gehen gern ins Theater, was sie auch gern sagen, damit die anderen, die nicht ins Theater gehen, nie wissen, wovon die Rede ist. Damit das Gespräch in Gang kommen sollte, stellte ich nach ein paar Minuten die These auf, daß das Theater eine doofe Anstalt sei, weil man in Reihe 1 immer zu viel sieht und hört, und in Reihe 25 immer zu wenig. Deshalb seien am Theater fast nur schlechte Schauspieler zu sehen, lauter Chargeure und Übertreiber. Wir sollten froh sein, daß wir im letzten Jahrhundert den Film und das Fernsehen dazugekricht hätten. Na, da war was los. Alle auf den Papa. Sogar Otti, das dumme Luder. (Die fällt noch nach vierzig Jahren auf mich rein.)

Do 19.12.96

Otti will ihre neu gemachten Locken in der Stadt herumzeigen. Fanny war kurz da. Ein hübsches, schlankes Ding. Noch heute sehe ich in ihr das wunderbare kleine Mädchen von vier, fünf Jahren, das sie war. Sie probiert im Flur ein altes Kleid an, das ich vor dreißig Jahren einmal Otti geschenkt hatte. Ich komme rein und sage: »Störe ich?«

Sagt sie: »Nicht wirklich.«

Dieses »Nicht wirklich« höre ich zur Zeit von jedem Armleuchter. Und zwar nur von Armleuchtern. Muß meine entzückende Fanny etwas von Armleuchtern übernehmen?

Zuckmayer ist hundert geworden, sie zeigen sein Leben im Fernsehen. Wie schön das ist, einem anständigen Menschen zu begegnen, auch wenn er schon gestorben ist. Der Mann hat seine Tochter allen Ernstes Winnetou getauft. Ein Verrückter. Er hat sich in der Emigration eine kleine Farm in Vermont gekauft und sich, zusammen mit seiner Frau, selbst versorgt. Nix Santa Barbara, nix Santa Monica.

Frei 20.12.96

Abends zum ersten Mal im Renaissance-Theater gewesen, mit Otti. Charles Brauer hat dort ein paar Monate gespielt, morgen wird die letzte Vorstellung sein. Das Stück heißt xy von yx und ist ein Boulevardwerk mit tieferer Bedeutung. Eine Gruppe von Hollywood-Drehbuchschreibern geht langsam kaputt. Schlechte Regie. Schlimmes Bühnenbild. Teils unbrauchbare Schauspieler. Keine Tränen bei den Zuschauern, dabei wären ganze Laken vollzuweinen gewesen. Aber auch keine Lacher.

Anschließend mit Charly und Otti in Botts »Botticelli«, wo ich seit einem Jahr Jochen wiedersah. Der Laden ohne Atmosphäre, halb leer, keine guten Leute.

Mo 23.12.96

Mittags Anruf von Jurek, er wolle nur sagen, daß er nach seinem London-Abstecher gleich in zehn Minuten nach Tübingen zu den Schwiegereltern fahren werde. Ich habe ihm gesagt, daß Folge 15 von »Liebling« weit unter dem Durchschnitt liege.

Er: »Das verstehe ich nicht. Wie kommt es, daß ich aus der ›Novafilm‹ von allen Seiten nur Lob höre?«

Ich: »Findest du denn, daß es dort so viele kompetente Lobspender gibt?«

Er: »Jedenfalls gibt es eine Dramaturgin.«

Ich: »Wie findest du die?«

Er: »Nett.«

Ich: »Nett bin ick alleene.«

Er: »Um welche Geschichte geht es denn da?«

Ich: »Weiß ich nicht. Es lohnt sich nicht, die Geschichte im Gedächtnis zu behalten, so dünn und schlecht ausgeführt ist sie. Weißt du denn nicht, welche Geschichte in Folge 15 steht?«

»Nein.«

»Na, siehst du.«

Er: »Wenn ich alles fertig habe, kann ich ja noch mal reinkucken.«

Abends meinen Vater besucht, der jetzt am Stock geht. Aber er geht noch. Der Ingenieur ist alt geworden. Er weiß nicht mehr, was all die Knöpfe am Radio und am Fernseher bedeuten. Wir haben uns gemeinsam eine alte Sendung von 1975 im Fernsehen angeschaut: »Niemand liebt dich so wie ich«

Anschließend gab es ein dämlich/schleimiges Interview mit Günther Fischer.

Di 24.12.96

Heiliger Abend. Wir haben einen unglaublich schönen, geraden »Nordmann«-Tannenbaum mit echten Kerzen und handgemachten Kugeln. Ich habe ihn geschmückt, als steckte ein japanischer Ikebanakünstler noch in mir. Alle haben den Baum bewundert, Ottilie am meisten.

Do 26.12.96 und Frei 27.12.96

hatten Otti und ich je einen gemütlichen Fernsehabend. Ich habe die erste Folge des Drehbuchs von Sakowskis mehrteiligem TV-Film »Wendenburg«[8] gelesen. Es ist ein konfliktarmes Stück. Den Stephan und den Druskat gibt es noch. Die Karusseit und die Waller und die Käthe Reichel gibt es noch. Aber es spielt sich nicht viel ab. Kleinstadt-Idylle. Der Junker kommt wieder, ein alter Kommunist will christlich auf dem Friedhof beerdigt werden, Stephan will seine Genossenschaft retten, Druskat hat keinen Mut mehr, die Karusseit fühlt sich als Grundbesitzerin, es gibt einen Chor und ein paar überzeichnete Honoratioren, eine Gesangskünstlerin, und die tummeln alle umeinand.

Sa 28.12.96

Heute den zweiten Teil von Sakowskis »Wendenburg«-Drehbuch gelesen. Die Bilder sind immer noch ungewöhnlich lang

---

8 Es handelt sich um die geplante Fortsetzung einer DDR-Fernsehserie namens »Daniel Druskat«.

für unsere Zeiten, die Geschichte ist nicht so mitreißend, aber es kommt Stimmung auf. Tatsächlich wird es immer weniger Idylle, immer mehr eine Chronik der Schmerzen und der Zurücksetzung für viele Ossis nach der Wende. Es wird spannender. Sakowski hat den Mut, einen »Klassenstandpunkt« einzunehmen, was eine Erholung ist nach all dem belanglosen Scheiß, den man an Drehbüchern zu lesen kricht.

Ich rief ihn an und sagte im Prinzip zu. Er zeigte sich überglücklich und dankte mir immer wieder. Er habe gerade heute einen Erinnerungsbrief an mich abgeschickt, es müsse vielleicht doch etwas geben wie Telepathie. Helga Korff-Edel ist im Krankenhaus, man tauscht eine alte Kunsthüfte bei ihr gegen eine neue aus. Er sei ohne sie aufgeschmissen, weil er nicht mal Schreibmaschine schreiben könne, vom Computer ganz zu schweigen. Er habe inzwischen mit der Reichel gesprochen, mit der Waller und der Karusseit, sie alle hätten einigermaßen positiv reagiert, nur Thate nicht, der habe sich unklar geäußert.

So 29.12.96

Heute den dritten und letzten Teil von »Wendenburg« gelesen und alle drei Folgen mit meinen Anmerkungen an Sakowski geschickt. Nochmals mit ihm telefoniert. Ich merke ihm bis heute an, daß er sich für seinen Schleim im »ND« von 1976 aus tiefster Seele schämt. Das ist doch etwas. Habe zugesagt. Aber dies und das muß besprochen und geändert werden.

Di 31.12.96

Heute ist Silvesterabend, und wir haben zum ersten Mal überhaupt nichts verabredet. Ich habe an Silvester nie besondere Freude gehabt. Es war nur ein Saufvorwand, solange ich die Kraft zum Saufen hatte. Wir beschlossen spontan, einfach so zum Käthe-Kollwitz-Platz zu fahren, mal sehen, was da los ist.

Vorher riefen wir Pröbrocks an und fuhren sie einfach besuchen. Dort saßen wir zu viert, quatschten, aßen und tranken in Maßen.

Morgens um halb drei fuhren wir nach Hause. Es herrscht seit vierzehn Tagen klirrender Frost. Einer der kältesten Winter seit über zwanzig Jahren und eine der kältesten Silvesternächte.

1997

Mi 1.1.97

Abends im Fernsehen ein Bericht über zwei Bluttaten in der Stadt. Offenbar sinnlose Morde durch Pistolenschüsse von Waffenliebhabern, die sich in das Silvesterknallen reingehängt und ohne weiteren Grund Kopfschüsse ausgeteilt haben. Mordlust. (Siehe MK-Geschichte »Der Gärtner«)

So 9.2.97

Gestern in kleinstem Kreis meinen 60. Geburtstag gefeiert: Moeses, Pröbrocks, Lüning allein, Christine Becker allein, Elke Thonke und Mann Christian. Moeses und Pröbrocks blieben bis früh um 5 Uhr.

Ich habe gestern »Liebling Kreuzberg« gedreht, nur ein Bild im Gerichtsgebäude in der Kantstraße. Ich habe für jeden Kollegen eine Flasche ALDI-Champagner und für alle eine große Freßklappe gekauft. Achthundert Mark.

Wir proben, da geht die Tür auf, ein großer, schwerer Mann, das Gesicht zugehängt mit einem totalen Vollbart (»It's cool man«), an den gewitzten Augen erkenne ich ihn: Werner Masten. Es gab auf beiden Seiten nicht das geringste Zögern, wir umarmten und klopften uns. Bei beiden große und echte Wiedersehensfreude. Abends brachte ein Fahrer das, was man drüben einen Präsentkorb nannte: Riesenkorb mit Südtiroler Schinken, Würsten und zwei Kisten Rotwein. Ach, das war gut.

Otto Meissner kam auch zum Drehort.

Masten weiß natürlich, daß ich während der Drehzeit auf manche Frage, warum dies oder das nicht leichter zu machen sei, geantwortet habe: »Weil wir mit unseren verdammten achtzehn Filmen alles sein dürfen, nur nicht schlechter, als Masten damals war.« Und in der Tat war das der Hauptgrund, warum ich in die Regie stärker eingegriffen habe als je zuvor.

So 23.2.97

Abends um 20.15 Uhr lief der Tatort »Ausgespielt«. Einschaltquote: 9,42 Mill. Zuschauer, Marktanteil: 26,9 %. Das ist sehr gut.

Mo 24.2.97

Anruf von Charly Schöps, Gratulation für den »Tatort«-Erfolg. Anruf des Produzenten Wendlandt, der zur Einschaltquote ebenfalls, aber in merkwürdig großschnäuziger Form, gratulierte. Der muß meine Telefonnummer von Otto Meissner bekommen haben. Fürchterlich.

Mi 5.3.97

Morgen ist der letzte Drehtag für die achtzehn Filme »Liebling Kreuzberg«. Ich nehme mir vor, in irgendeiner Kirche eine Dankesmesse lesen zu lassen. Mal sehen, ob es das noch gibt. Sonst muß ich die drei Kreuze selber machen.

Do 6.3.97

Das war der letzte Drehtag. Ich bin mittags zu Hause. Nach dem Duschen in Sieseby angerufen. Jurek liegt im Sterben. Es ist fürchterlich. Er klingt so schwach. Ich habe ihm gesagt, daß alle von seinem »Liebling« und von den Drehbüchern begeistert sind. Über die Drehbuchänderungen kein Wort. Vielleicht wird er die Filme nicht mehr sehen.

Ich frage ihn, ob ich nächste Woche in Sieseby vorbeikommen soll, wenn ich in Hamburg bin.

»Das ist nicht gut«, sagt er.

Ich glaube, er will mich nicht mehr sehen. Er kann nicht.

Abends Abschiedsfeier im »Châlet Suisse«. Otto Meissner hält die übliche Rede. Alle sind nett miteinander. Ich verabschiede mich schweren Herzens von dem kleinen Adrian Schröck aus Caputh, der so entzückend meinen Enkel »Robertchen« gespielt hat. Ich gehe von Tisch zu Tisch, schüttle all die Hände, höre zu meinem Erstaunen manch gutes Wort.

Dann fährt mich Otto ins »Diener«, ich höre mir wie immer einen Haufen Blödsinn an, während ich mich ganz langsam mit Rotwein zuschütte.

Frei 14. 3. 97

Jurek ist tot.

Beckers Telefon in Sieseby ist blockiert. Otto Meissner, der die Nachricht schon hatte, rief mich an.

Ich habe es weitergesagt an Klaus Poche, dessen Schwester ebenfalls heute in Halle gestorben ist, und an Stefan Heym. Helge Braune wußte es schon. Die Beerdigung soll heute in einer Woche, am Freitag, auf dem Friedhof in Sieseby stattfinden. Ottilie wird verreist sein. Ich werde mit dem Anwalt Nicolas Becker rauffahren.

Ich rufe meinen Vater an und sage es ihm. Er lebt unter dem Zwang, seinen latenten Antisemitismus aus der Nazizeit irgendwie gutmachen zu müssen. Jurek ist gerade der sympathische Jude, der ihm dafür geeignet scheint. Er sagt spontan: »Ich fahre zur Beerdigung, nimm mich mit.«

18.20 Uhr ruft Christine aus Sieseby an.

Ich habe sofort über Praktisches gesprochen. Beerdigung ist also am Freitag um 13.00 Uhr auf dem Friedhof in Sieseby. Meinen Vater soll ich nicht mitbringen. Es wird in Berlin eine Gedenkfeier geben, da können alle kommen, sagt sie, nur nicht auf den Dorffriedhof.

Ich sitze allein in meiner Bude, mir laufen die Tränen runter. Ich genieße es. Welche wunderbare Eigenschaft an uns Menschen. Der größte Ganove kann sich an den eigenen Tränen reinigen. Ich weiß, warum das Tier über die Fähigkeit zu weinen nicht verfügt. Es braucht sie nicht. Keine Ganoven unter den Tieren.

Leute kondolieren mir mit ihren falsch klingenden Worten auf der Telefonmaschine. Die »Süddeutsche« und die FAZ wollen einen »großen Abschied« nehmen und hauen mich um Nachrufe an.

Abends fahren Otti und ich in den Ostsektor. »Lampion« heißt die Kneipe beim Käthe-Kollwitz-Platz, in der Jutta Voigt ihr erstes Buch feiert: »Der Tiger weint«. Lüning ist da. Er sei immer eifersüchtig auf Jurek gewesen, sagt er. An der Wand hängt ein Foto von Kurtchen Mühle. Das waren Zeiten.

Ich setze mich in eine Ecke, wo ich dem Verleger Nitsche in die Hände falle, der den weinenden Tiger gemacht hat und der mich, zusammen mit seiner Frau, den ganzen Abend überreden will, Autor des Hauses »Transit« zu werden, nachdem ich ihm auf seine Frage gesagt hatte, daß »Abgehauen« 150.000mal verkauft worden ist.

Ich habe mich mit Wodka & Bier redlich abgefüllt. Ottilie blieb am Tresen beim Bier und bei Lüning sitzen. Ein Bandoneonspieler aus Potsdam spielte für 100 Mark. Ein Trio russischer Musiker kam vorbei und spielte für 50 Mark.

Peter Hacks, den ich mehr als zwanzig Jahre nicht gesehen hatte, kam vorbei und spielte verloren mit seinen Fingern an den Händen. Ein Greis. Silberhaar. In seinen Augen die Frage: Ist das noch mein Leben oder träume ich?

Ich erkenne ihn sofort wieder, an seinen Zähnen, von denen die Hälfte die Farbe, die restlichen den Standort gewechselt haben. Er hat eine jüngere Frau bei sich, die ich frage: »Lebt er noch mit Anna zusammen?«

»Ja.«

»Hat er das Bauernschloß in der Mark noch?«

»Ja.«

»Und die Wohnung in der Schönhauser Allee?«

»Ja«, sagt sie. »Ihr solltet mal hinfahren, die beiden besuchen.«

Nach einer Weile tapert er sinnlos lächelnd, den Kragen seines Raglan-Trenchcoats hochgeschlagen, in der Hand ein niedliches Hebammenköfferchen, das Treppchen vom Klosett herunter und läßt sich auf die Straße führen.

Sa 15.3.97

Otti ist ganz lieb zu mir. Sie brät zwei Enten und kocht ein Suppenhuhn. Morgen früh muß sie um 4.00 Uhr aufstehen, um für eine Woche nach Gran Canaria zu fliegen.

So 16.3.97

Die Kinder sind da. Jeder kricht einen Teller Hühnersuppe, und abends essen wir Ente mit Gelee auf Butterbrot. Marlene ist einzigartig und wunderbar. Sie ist eine Schönheit mit einem wohlgeformten Blondkopf. Sie hat ein kleineres und ein größeres Auge, beide geschmückt von den schönsten dunklen Wimpern und Augenbrauen. Sie hat einen wunderbaren Gang. Sie ist eine Augenweide. Noch hat sie eine entzückende Baby-Nase, aber das kann bei den Eltern schlimm ausgehen. Sie spricht alles nach, und fast alles versteht sie. Es ist das schönste Kind meines Lebens. Ich freue mich, daß ich es habe. Und ich habe immer weniger Angst, es eines Tages der Tante Ottilie und den Halbgeschwistern zu präsentieren. Marlene ist sehr klug.

Mo 17.3.97

Kondolenzbriefe von Barbara Högl, von meiner Tochter Stephanie, von Bettina Musall aus München, von der seltsamen Barbara Dittus. Sie alle verstehen meine tiefe Untröstlichkeit; und ein Entschuldigungsbrief von einem Harald Völker, der mich vor ein paar Tagen im »Markenfilm« anquatschte, ob ich mich nicht bei Jurek Becker dafür verwenden könnte, daß er den Lebensbericht eines Bekannten von Völker, Fernsehregisseur aus der DDR, zu einem Film verarbeitet. Dem hatte ich was Unfreundliches gesagt.

Abends in »Report« eine Parade von berühmten amerikanischen Mitgliedern der »Scientology«-Truppe. John Travolta,

Isaac Hayes, Tom Cruise usw. Einer der wenigen Gegner ist der Schauspieler Mike Farrell, den die Gangster schwer in die Mangel genommen haben.

Und ganz spät auf N3 im »Bücherjournal« die Ankündigung, daß es ein Buch von Minchen[9] Mueller-Stahl geben wird, seine Lebenserinnerungen. Der Moderator sagt, Minchen sei aus seiner Heimat Ostpreußen immer weiter nach Westen gegangen, und je weiter er gegangen sei, bis Los Angeles, desto berühmter sei er geworden. Und jetzt gebe es sogar eine Oscarnominierung für ihn. Und Minchen deutet im Interview an, von mir habe er nur ein Achtel gekannt, das unterhaltsame Achtel, die anderen sieben seien nicht der Mühe wert gewesen.

Der Bücher-Moderator schien ganz stolz auf seine Ankündigung zu sein. Und nächsten Mittwoch kommt Minchen auch ins »Boulevard Bio«. Diesmal will er ein paar Exemplare mehr verkaufen als 1978 nach seiner Ankunft im Westen, wo sein erstes Buch »Verordneter Sonntag« ein Flop war.

Di 18.3.97

Charles Brauer war um 12.00 Uhr da und ist bis 17.00 Uhr geblieben. Was für ein lieber, kluger Mann. Aber nichts Neues.

Christine Becker rief abends an. Ich solle doch den Schluß von »Jakob der Lügner« lesen bei der Beerdigung. Ich lese ihn. Hoffentlich muß ich nicht wieder heulen, wie bei Kurt Goldstein.

Die Püppis sind da, wunderbar. Das Kind ist wunderbar. Ich füttere Marlene mit Ottis Hühnersuppe und sage: »Das ist von Tante Otti.« Sie sagt: »Tante Otti.« Und es schmeckt ihr, und sie schlürft. Sie ißt allein mit dem Teelöffel.

Ich bleibe jeden Abend ein paar Stunden länger auf als die Kinder.

---

[9] Gemeint ist Armin Mueller-Stahl.

Heute einen ergreifenden russischen Film zum zweiten Mal gesehen: »Freiheit ist ein Paradies«, von Sergei Bodrow 1989 gedreht. Ein großes Werk. Niemand auf der Welt haßt die Russen mehr, als die Russen sich selbst hassen. Ein Hoffnungsschimmer. Der kleine Junge in dem Film heißt Wolodja Kosyrew. Wie schön. In der »TV Hören & Sehen« steht: »Ein sowjetisches Roadmovie.« Wo sind wir gelandet.

Do 20. 3. 97

Ich bin abends pünktlich um 19.00 Uhr beim Anwalt Nicolas Becker. Wir fahren gemeinsam in die Nähe von Sieseby, wo wir morgen um 13.00 Uhr den Jurek unter die Erde bringen werden. Die Fahrt scheint kurz, weil wir uns prächtig unterhalten. Autobahn bis Grande, ab dort Landstraße Richtung Kiel bis Eckernförde, wo wir im Hotel »Seegarten« übernachten. Ich habe zwei Flaschen Wein und ein paar Klappstullen dabei, die ich mir mit Becker brüderlich teile. Um 2.00 Uhr nachts gehen wir in unsere Zimmer.

Frei 21. 3. 97

Morgens um 10.00 Uhr finde ich in der Veranda am Frühstückstisch Helge Braune mit Frau Edith und Leonard Becker, Sohn von Jurek, mit Frau. Nach dem Frühstück kaufen wir in Eckernförde im »Blume 2000« jeder einen Strauß, ich rote Tulpen, Becker Anemonen, dann fahren wir langsam nach Sieseby.

Um 13.00 Uhr geht es zum Friedhof. In einer kleinen Leichenhalle haben sich alle versammelt.

Siegfried Unseld redet schön kurz. Herr Sartorius redet schön kurz, ein Trompeter bläst ein paar Dixielandstücke, schön kurz, dann bin ich mit dem Schluß von »Jakob der Lügner« dran. Während die anderen reden und blasen, streiche ich ein bißchen im Text herum, aber es hilft nicht viel. Das Stück zieht sich endlos hin, ich lese immer schneller, komme auch ohne Heulen durch und habe am Ende das Gefühl, den Leuten etwas geboten zu haben, was genau so traurig war wie eine Beerdigung, etwas, das sie alle kannten und das sie alle ein bißchen aufgehalten hat. Dann der Trauerzug zum Grab. Wunderbarer Dorffriedhof mit Blick auf die Schlei, mit einer süßen, schmalen Allee. Der Trompeter war am Grab noch mal dran. Dann durfte sich jeder eine lange rote Rose nehmen und sie ihm auf den Sarg schmeißen. Kein Erdreich, kein Krümeln, saubere Finger und zurück ins Dorf, in den Gasthof »Schlie Krog«. Da gab's eine Hühnerpastete mit Worcestersoße, eine Tasse Kaffee, ein Stück Butterkuchen. Ich saß Otto Meissner gegenüber. Er sprach über Geschäfte. »Liebling Kreuzberg« sollte von Kurt Bartsch weitergeschrieben werden, der kann das, sagte er.

Nach einer guten Stunde habe ich mich ohne Abschied verdrückt.

Sa 22.3.97

Die Kinder bei mir. Püppi versteht alles. Man kann sagen: »Bitte geh in die Küche und sag der Mama, sie soll dir eine Tasse geben. Und dann bring mir bitte die Tasse.«

Dann watschelt sie in die Küche, sagt: »Tasse!«, und damit kommt sie zum Papa zurück. Sie ist genau anderthalb Jahre.

So 23.3.97

Ottilie kommt aus Gran Canaria braungebrannt zurück. Petra hatte Blumen für sie mitgebracht und ein halbes BULI-Brot[10], frische Butter und Wurst. Ottilie fängt noch am Abend an, alle Postkarten von Jurek aus ihren Alben zu suchen. Es werden 180 Stück sein.

---

10 Gemeint ist ein Brot von »Butter Lindner«, einem Feinkostgeschäft in Berlin.

Mo 24.3.97

Der »Spiegel« liegt im Briefkasten. Mit den letzten Bildern von Jurek, die im Februar gemacht worden sind. Man schaut dem Tod ins Auge. Ich muß bitterlich heulen. Ich kann den Blick von dem Gespenst kaum wenden. Nun weiß ich, warum Jurek niemanden mehr sehen wollte. Das Interview ist von der Fotografin gemacht worden, und sicher hat Jurek es nicht mehr durchgesehen, wie er es sonst immer gemacht hat. So liest es sich. Ein bißchen hausfrauenmäßig und ein bißchen dummfrech aus Versehen.

Um 16.00 Uhr treffe ich mich mit einem Produzenten von der UFA im Steigenberger Hotel und mache ihm ein Klistier. Er steckt mit den Beinen wippend alles weg. Schließlich, nach einer Stunde, tut er mir leid. Dieser moderne, yuppieartige Frühmelierte tut mir leid. Ich sage ihm, er kann den Film meinetwegen produzieren, den Vertrag über die Rechte würde ich dann aber lieber mit dem WDR selbst machen. Er verspricht, noch einen Vertragsentwurf nachzuliefern, den er restlos entrümpeln und klar machen lassen will. Na gut, sage ich, das kuck ich mir an.

Di 25.3.97

Minchen Mueller-Stahl hat den Oscar nicht gekriegt, und schon zeigt die deutsche Journaille keinen Zipfel mehr von ihm, und man hört seinen Namen nicht.

Nie im Leben würde & werde ich einen Preis annehmen, dem eine »Nominierung« vorausgeht. Was soll das denn? Sie holen sich die dreifache Menge »Prominente« in den Saal und stürzen sich mit ihren Kameras auf die ausflippenden Gewinner und die krachsauren Loser, die sich unter Qualen einen ablächeln müssen.

Vor zwei Jahren haben sie mir einen deutschen Preis angeboten, zu dem eine Nominierung nötig war. Da hab ich abgewinkt.

Abends gab's im Fernsehen (B1) eine Hommage an Heinrich George. Seine Söhne und einige berühmte Schauspieler, darunter Will Quadflieg, sprachen gut von ihm. Es ging darum, den Makel, er sei Nazi gewesen, von George abzuwaschen. Einmal sagt Quadflieg über Heinrich George: »Es steckten so viele Figuren in ihm, daß er sie erlösen mußte. Er mußte sie aus sich rauslassen.«

Was Schauspieler doch für Monster sind. Sie sperren Figuren in sich ein, und allen, die sie nicht rauslassen, rauben sie für immer die Freiheit. Je früher Schauspieler sterben, desto mehr Eingesperrte reißen sie mit unter die Erde.

Frei 28.3.97

Ich schreibe alle Postkarten, die Jurek an Ottilie und mich geschrieben hat, in den Computer. Vielleicht mache ich ein Abschiedsbuch daraus. Mal sehen.

Abends den Film »Schindlers Liste« auf Pro7 gesehen. Ich kannte das im Prinzip alles schon. Aus Dutzenden von DEFA-Filmen, aus Büchern, aus dem Schulunterricht, aus »Jakob der Lügner«, und ich kannte es, weil es mich interessiert hat, weil mich alles, was mir halbwegs verständlich ist, noch immer interessiert.

Trotzdem ist es schrecklich, immer aufs Neue. Wir gehören einem Ekelvolk an. Und das ist heute noch so eklig, wie es immer war. Warum sollte es anders sein, solange die Eltern in die Gehirne ihrer Kinder scheißen. Derselbe Prozentsatz von Widerlingen. Und sobald sie wieder die Chance zur Blutrunst kriegen, schießen sie wieder in die Genicke.

In Amerika haben sich neununddreißig Menschen schwarze Kittel angezogen und sich in Gruppen selbst umgebracht. Sie glauben, hinter dem Kometen Hale-Bopp habe sich ein UFO versteckt, das sie alle auf einen anderen Stern mitnimmt.

Auch ein Ekelvolk. Auf offener Straße schießen die Leute sich tot. Aus Spaß. Sie bilden Gangs, deren einziges Steckenpferd das Abknallen ist. Eine eklige Spezies, der Mensch. Man könnte neidisch werden auf die, die an das UFO glauben können. Die haben es hinter sich.

An der Wand in meinem Zimmer hängt das Foto, das Jurek im Februar dieses Jahres zeigt. Es ist der Tod. Er wollte sich seinen Freunden und mir so nicht zeigen. Warum mag er für die Fotografin eine Ausnahme gemacht haben? Solange ich ihn noch sehen, mit ihm sprechen konnte, hat er an seinen Tod nicht geglaubt. Davon hat er mich mit jedem Wort überzeugt. Es gibt kein Foto von Jurek, auf dem er sich unähnlicher ist. Der Tod spielt manchmal häßlich mit unseren Gesichtern herum. Das könnte er sich für die Zeit unter der Erde aufsparen.

So 30. 3. 97 Ostern

Heute morgen mit der Püppi Ostern gespielt. Petra hatte dafür Süßes und einen Hampelmann eingekauft. Nach wenigen Sekunden hatte die Kleine das Prinzip verstanden und suchte in allen Ecken, unter allen Möbeln.

In der Nähe, in der Ferne
hab ich meine Püppi gerne.
Püppi hat so kleine Füße,
darum ist sie meine Süße.
Püppi kann schon »bitte« sagen
und nach Wurst und Käse fragen,
sie hat schöne dicke Backen
und kann in die Windel kacken.
Eines Tages ist sie groß,
und dann sind wir Püppi los.

Heute ist es sonnig mit weißen Wolken. Um 16.00 Uhr kommen alle unsere alten Kinder und essen Ottis wunderbare Enten.

Noch immer schreibe ich Jureks Karten ab.

Mo 31.3.97

Einladung zum Essen bei Wolfgang Menge. Es gab Lammkeule (rosa, nicht ganz mein Fall und auch nicht der von Otti, wir aßen die Kanten des Bratens), dazu neue geschrubbte Kartoffeln, mit Schale, gebacken, und ein bißchen Gemüse. Zum Nachtisch einen sehr raffinierten »russischen« Quark mit Mandeln und Zitronatkrümeln drin. Ganz tolles Zeug, müssen wir nachmachen.

Dann war Juliane Bartel da, die Frau mit dem schnellen Mundwerk aus der Sendung »3 nach 9«. Eine angenehme Frau.

Dann war ein kindlich wirkender Mann um die Vierzig da, ein hübscher Kerl, der eine Ostfrau geheiratet, einen Knaben mit ihr gezeugt, die Frau mitsamt dem Knaben wieder verloren und nun das Nachsehen hat, denn er muß zahlen und darf sein Kind nicht sehen. Schrecklich. Ich habe ihm geraten, ein neues Kind zu machen und nie wieder zu heiraten. Er meinte, er sei zu alt (etwa vierzig), sein Zeugungsmaterial sei nicht mehr gut genug. Ich habe mich mit meinen blöden Lebenserfahrungen hervorgetan, aber halb im Suff (Rotwein aus Australien) und halb im Scherz.

Ich erzählte in der Runde von meinem geplanten Jurek-Buch mit den Postkarten, alle waren begeistert, Frau Juliane Bartel meldete sich für ein großes TV-Interview an. Mein Buch hatten sie alle gelesen und gelobt.

Di 1.4.97

Jurek hatte einen letzten Wunsch an mich: »Wiederhole nicht meinen Fehler«, sagte er. »Laß dir in den Arsch reinkucken.«

Heute rief ich bei dem Arzt an, der reinkucken soll. Die Dame sagte, ich könne wegen der Präliminarien gleich vorbeikommen. Man gab mir vier Beutel »Klean-Prep«. Jeder Beutel ist in je einem Liter (!) Wasser aufzulösen, macht vier Liter, die man innerhalb von vier bis fünf Stunden schlucken muß. Das Zeug schmeckt nicht. Nach einer halben Stunde hatte ich einen letzten herkömmlichen Stuhlgang, danach immer heller werdendes Wasser, mindestens zehn Gänge … Ich bin jetzt so leer wie zum letzten Mal bei meiner Geburt. Morgen früh 10.30 Uhr fahren sie durch mein Gedärm. Um 11.00 Uhr werde ich hören, ob ich so jämmerlich sterben muß wie mein geliebter Jurek, oder ob ich in Ruhe auf einen Herzschlag warten kann.

Mi 2.4.97

Ich kann in Ruhe auf einen Herzschlag warten. Endlich ein Teil meines Körpers, der nicht allzu viel zu wünschen übrigläßt.

Was sie gemacht haben, nennt sich Koloskopie. Ich kann es nur empfehlen. Sie geben dir eine Spritze, die in einen schönen Schlaf führt, nichts ahnst du von ihrem Tun. Anschließend fährt man mit dem Taxi nach Hause. Ich bin mit meinem Auto gefahren. Danach zwei Stunden geschlafen.

Abends die Püppis. Wenn mich nicht alles täuscht, hat Marlene das Zeug zu einer Genie-In. Sie spricht in fast ganzen Sätzen, kann etliche Gedichte und Abzählverse auswendig, tanzt nach Musik, erkennt alle Tiere im Zoo und im Fernsehen. Dort erkennt sie auch den Papa, selbst den zwanzig Jahre jüngeren, nur in die Windeln kackt sie noch, wird daran jedoch mit keinem Wort gehindert. Sie hat einen wunderbaren großen Kopf, einen süßen Mund, auf der Stirn einen verblassenden Storchenbiß, kleine speckige Füße und Hände und eine Nase, der man noch nichts anmerkt. Sie klettert auf Stuhl und Tisch, ich kann nur sagen, welch ein Wunder, daß aus einem so alten Sack ein derart grübchengeschmücktes Püppi hervorgehen kann.

Ich habe zum Schauspielen keine Lust mehr, was soll ich nur machen?

Do 3.4.97
Abends im Fernsehen: Kohl will zum fünften Mal 1998 Kanzler werden. Solche Scherze kann er sich bei dem SPD-Zustand leisten. Schröder wäre wohl der einzige, der ihm die Tour vermasseln könnte.

Frei 4.4.97
Auf dem Dach eine Blechabdeckung mit Draht festgemacht. Notreparatur; morgen soll es Sturmböen geben. Dachrinnen von zwei Eimern Schieferkrümeln befreit, die von der Dachpappe stammen.

Abends im Fernsehen im NDR »3 nach 9« den Schauspieler Baumann gesehen. Ist etwa 67 Jahre alt und ein bißchen langweilig. Danach in »Up'n Swutsch« Arnim Dahl, 75 Jahre alt, den Pionier der deutschen Selbstverstümmler (fünfunddreißig Mal im Krankenhaus) bei Film und Fernsehen. Nett. Dann gab's noch Drafi – Marmorstein – Deutscher mit schönen Zähnen oben und unten, mit großem blauem Showanzug und schwarzem Hut (Markenzeichen) auf vollem Haar. Hat ein neues Lied: »Das ist er«. Damit ist der liebe Gott gemeint. Drafi sagt, er zahle Kirchensteuer. Kann der sich leisten bei den Einnahmen. Da zahlt er ja kaum was.

So 6.4.97
Heute war ich mit Otti auf dem Flohmarkt Fehrbelliner Platz. Einen alten Roller für 60 Mark gefunden, wie ich ihn als Kind immer haben wollte. Ein paar schöne Leinenhandtücher, eine Vase und für 150 Mark einen mindestens fünfzehn Jahre alten Marantz-Verstärker plus Tuner. Beide funktionieren prächtig, und man weiß gleich, auf welchen Knopf man drücken muß, um Musik zu hören. Er gibt Radio, CD, Musik-Kassette und Vinylplattenspieler in bester Qualität wieder. Habe die modernen schwarzen Marantz-Geräte sofort demontiert und in den Keller gebracht.

Mo 7.4.97

Rosita Serrano und Stephan Hermlin sind gestern getrennt gestorben.

Abends pünktlich um 19.30 Uhr in den »Diener« gegangen, um mich mit Charly Schöps und Herrn Dr. Willich vom »Studio Hamburg« zu treffen. Ich war eine Stunde zu früh dort, weil ich Probleme habe mit »halb acht« und »achtUhrdreißig«, also war ich um halb acht gekommen. Ulla Meinecke setzte sich Gott sei Dank dazu. Und Marija Erceg kam auch vorbei, um mir zu sagen, daß ich ziemlich häßlich geworden sei. Das ist mir auch schon aufgefallen. Manche sind erst häßlich und werden dann immer schöner, wie etwa Anna Seghers oder Charles Laughton, ich war früher ausgesprochen hübsch und werde nicht einfach bloß alt, sondern auch richtig häßlich. Pech.

Ich habe jedenfalls so lange Rotwein getrunken, bis ich ganz voll war. Selten.

Di 8.4.97

Püppi und ich sind eine halbe Stunde in der Wohnung mit dem alten Roller gefahren. Sie ist allein aufgestiegen, hat sich allein am Lenker festgehalten, ich hab geschoben, und immer wenn wir die Tour bis in die Küche geschafft hatten, sagte sie: »Noch mal!« Ihr Lieblingswort zur Zeit ist: »Noch mal!« Das Schönste, was ich in meinem Leben gehört habe, ist Püppis Sprechen.

Auf Arte ein Themenabend »Karl May«. Wunderbarer Mann. Er hat mir die Kindheit versüßt. Durch ihn habe ich die Welt und das Lesen kennengelernt, sogar den Hunger vergessen.

Do 10.4.97

Im Fernsehen einen kleinen Beitrag über Axel Delmare erwischt. Er ist 75 Jahre alt. Gut gehalten. Was ich nicht wußte: er heißt von Geburt Werner Vorndran. Von seinen fünf Kindern hat sich eine Tochter wohl umgebracht, und sein Sohn hat die Geliebte erstochen. Da geht's zu.

Mit Otti zum »Großkauf« gefahren und neben Schreibpapier getrocknete Steinpilze und andere Leckereien eingekauft. Teuer. Aber seit ich durch Jurek weiß, wie die Dinge stehen, verzichte ich, von den sich mehrenden Zwangsenteignungen abgesehen, auf gar nichts mehr.

Prof. Meinhard Lüning hat das Ehepaar Pröbrock und das Ehepaar Krug zum Essen bei dem gut besuchten Italiener »Il Sorriso« in der Kurfürstenstraße eingeladen.

Alle waren um 20.00 Uhr da. Es gab gute Frutti di mare und süß eingelegte Auberginen als Vorspeisen. Ich habe dann einen Ossobuco von großer Schönheit verzehrt. Vorzüglich. Dazu Rotwein. Dürfte eine Zeche von knapp 500 Mark gewesen sein.

Lüning meinte, nachdem er sich nur noch als Junggeselle abstaubend herumtreibe, wäre er mal dran, einen auszugeben. Ist ja nicht falsch gedacht.

Nachts um zwölf zu Hause. Keine Püppis in der »Werkstatt«. Ungewohnt einsam.

Frei 11.4.97

Es liegt ein Brief von einer unbekannten Aufnahmeleiterin da, ich soll ihr einen Termin sagen, der mir recht wäre zum Synchronisieren. Ich ruf sie an und frage, warum. Sie sagt, keine Ahnung, sie soll das bloß erledigen. Ich rufe die Schnittmeisterin an und frage, warum. Die Musik, die Geigenstimme des Teufelsgeigers Jakob, habe nicht gefallen. Ich frage, wem hat sie nicht gefallen. Ja, ihr selbst habe sie nicht gefallen und der Regisseurin plötzlich auch nicht mehr so recht und der Dramaturgin auch nicht und den beiden Redakteurinnen vom ORB auch nicht. Ich rufe die beiden ORB-Tanten an. Freitag. Keine von beiden weit und breit zu finden. Ich rufe die Regisseurin an, die sagt, die Musik würde kratzen. Als wenn die was von Musik und vom Kratzen versteht.

Die Weiber haben sich bei einer Vorführung wichtig gemacht und in Panik geredet, und ohne Geschmack, wie sie sind, haben sie keinen Ausweg gewußt. Ich rufe wieder die Schnittmeisterin an, bitte um eine DAT-Kassette. Nach Anhören ist klar, daß die Musik perfekt ist. Ein schönes, sentimentales, proletarisches, zigeunermäßig russisches Kratzen auf einer Teufelsgeige. Genau das, was in deutschen Serien immer synchronisiert und gegen zuckerige Mantovani-Töne ausgetauscht wird. Nur dazu wollten sie durch Synchronisieren die Sprechstimmen von der Geige trennen, damit sie ihren Ungeschmack frech vorzeigen konnten. Ich habe der Regisseurin gesagt, nur nach einer juristischen Auseinandersetzung, die ich verlieren müßte, werde ich diesen Blödsinn mitmachen. Dann habe ich die Dramaturgin angerufen. Die hatte schon mal was davon gehört, daß ich u. a. Musiker bin und hat endlich nachgegeben. Bis zur letzten Minute muß man kämpfen.

Sa 12.4.97

Karin Kiwus war mittags bei mir. Sie arrangiert in der Akademie das Gedenkfest für Jurek. Ich habe ihr alle seine Postkarten mitgegeben, soll sie die geeigneten aussuchen, so daß ich etwa zehn Minuten daraus lesen kann, länger mag ich nicht. Sie sind alle frisch und komisch, ein Jurek, den man sonst nicht kannte.

Der ORB wollte die Veranstaltung (umsonst) senden und mitschneiden, was ich strikt abgelehnt habe. Das wären billige anderthalb Stunden gewesen. Nun ist der ORB draußen. Vielleicht wäre es am Ende für den Sender doch günstiger gewesen, den Ostzonenschauspielern Wiederholungshonorare zu zahlen.

Nachts ein Zweiteiler aus der DDR von 1978. »Fleur Lafontaine«, Regie Horst Seemann. Eine Frau durchleidet schlechte Männer, darunter Esche & Lisewski, und schlechte Zeiten, darunter die Nazizeit. Sie findet zu dem schwäbischen fortschrittlichen Proleten Thate zurück. Der spielt immer die Guten, und wenn's geht, noch eine Extra-Herausforderung. Hier ist es die mißlungene Nachahmung des schwäbischen Dialekts, das versaut die ganze Rolle. Herwart Grosse gibt einen guten Professor. Lisewski wie immer. Esche geht manchmal zu Herzen, obwohl er die ganze Rolle spielt wie ein Angetrunkener. Jutta Hoffmann gut wie immer. Fred Düren theatralisch. Gisela May traditionell ohne Präsenz. Die Domröse läßt ihre ganze Kunst unter sich, und das ist hemmungslos und nicht schlecht. Sie hatte ja wirklich eine hübsche Schnute und eine hübsche Figur.

So 13.4.97

Die Kiwus hat mir alle Postkarten durchtelefoniert, die sie für Jureks Abschiedsfest nehmen würde. Die Stoppzeit, die ich genommen habe, ist circa dreiundzwanzig Minuten. Ich wollte nur zehn.

Habe ein paar von ihren Gedichten aus dem Reclam-Bändchen gelesen, das sie mir mitgebracht hatte. Was ist nur mit mir los? Warum gefällt mir immer weniger von allem, außer Schmorrippchen, Kohlrouladen und Ochsenschwanz?

Morgen holt man mich mit dem Auto zu der Lesereise ab. Abende lang »Abgehauen« lesen und Bücher unterschreiben. Keine Lust.

Mo 14.4.97

Mario heißt der junge, schrullige, vaterlose Mann aus Kroatien, der mich mit einem BMW abholt, um mit mir nach Dresden zu fahren. Die Lesung findet im Kaufhaus Karstadt statt, ein großer Saal, der ganz voller Publikum ist, vielleicht tausend Leute. Ein MDR-Fernsehteam hat seine Kamera aufgebaut und schickt sich an, die ganze Lesung mitzuschneiden. Keine Ankündigung, keine Frage um Erlaubnis an mich. Einfach so. Abstauben.

Ich habe den Trupp sofort in netter Art nach Hause geschickt. Gangster und Ganoven, wohin man blickt.

Die Veranstaltung stieß auf viel Interesse. Ich las drei Abschnitte, plauderte dann mit dem Publikum ein gutes Stündchen, signierte schließlich etwa zweihundert Bücher und allerhand Plattencover und sonstige Zettel aus alten Zeiten. Ein Ehepaar schenkte mir eine liebevoll vor fünfundzwanzig bis dreißig Jahren angelegte Akte mit jedem Zeitungsschnipsel aus der DDR, in dem etwas über den jungen Manfred vorkam. Toll. Rührung. Bin erschüttert, wie man sich von so was trennen kann.

Großer Erfolg. Übernachtung in dem neuen Hotel »Elbflorenz«. Dort ein schrecklicher »Italiener«, bei dem es eine ekelhafte Frutti-di-mare-Pizza gab, die ich Depp bestellt, bezahlt, aber nicht gegessen habe.

Di 15.4.97

Mario und ich fahren nach Jena. In dem BMW gibt es einen Navigationscomputer, der uns eine Landkarte zeigt und mit uns spricht, so finden wir sicher jedes Ziel.

Um 15.00 Uhr Signierstunde in der Thomas-Mann-Buchhandlung. Gut besucht, etwa hundertfünfzig Bücher.

Jeder eine Thüringer Rostbratwurst am Stand bei dem Stadttor, wie es sich gehört. Der »Turm« ist ein Gebäude, das die Stadt überragt und für das ein altes Stück Jena abgerissen wurde. Dieses sozialistische Bauwerk ist einschüchternd, auftrumpfend, unpassend und von ausgesuchter Häßlichkeit. Es verschandelt die Stadt. Soll eine Idee von Ulbricht sein, an deren Verwirklichung Henselmann sich beteiligt hat.

Fahrt nach Erfurt, dort im Auftrag der Buchhandlung Habel um 20.00 Uhr Lesung in der geheizten und rammeldickevollen Thomaskirche. Anschließend Plauder- und Signierstunde. Circa zweihundertfünfzig Bücher. Interessant und erfolgreich.

Mi 16.4.97

Morgens Fahrt nach Suhl, dort sofort Besuch bei Inge Eckardt in der Straße der Opfer des Faschismus, die noch so heißt. Der BMW-Fahrcomputer hat sie nicht im Programm, sie ist ihm zu lang. Spargelgericht im Beisein von Rainer Eckardt und Tochter Maud. Herzliche Begegnung. Maud ist 31 und hat ein atemberaubendes Gesäß, beinah noch fantastischer als das ihrer Mutter von damals.

Ich sag: »Weißt du noch, Maud, wie wir vor fast fünfundzwanzig Jahren hier auf dem Balkon standen, du warst gerade sieben, acht Jahre alt, und hast meine Hand gar nicht losgelassen?«

»Ja«, sagt Maud. »Weißt du eigentlich, warum? Ich hatte damals in der Schule gesagt, daß ich pünktlich nach Hause müsse, weil Manfred Krug zu Besuch kommt. Die Kinder haben mich nur angekuckt, und eine hat gesagt: ›Ich muß mich auch beeilen, der Kaiser von China ist bei uns zu Bratkartoffeln eingeladen.‹ Und alle haben mich ausgelacht. Du hast mich dann zu Hause heulen sehen, und ich hab dir die Sache erzählt. Da bist du am nächsten Morgen extra früh aufgestanden, hast mich zur Schule gefahren, hast dort gewartet, bis genug Kinder da waren und hast mich vor dem Schultor hochgehoben und geküßt, und wir haben einander noch lange zugewinkt. Bis heute warst du der einzige Mann in meinem Leben, der meine Ehre wiederhergestellt hat, und bis heute habe ich es nicht vergessen.«

Man müßte noch mal zwanzig sein.

Do 17.4.97

Fahrt nach Regensburg, dort Signierstunde in der Buchhandlung Pustet. Vorher zufällig ein kleines Lokal entdeckt. Der Besitzer ist »Dampfnudel-Uli«. Er macht die beste Dampfnudel mit Vanillesoße in ganz Deutschland. Und die beste Gemüsesuppe macht er auch. Sollte ich noch mal dorthin kommen, werde ich bei ihm sitzen und essen.

Fahrt nach Ingolstadt. Dort nach über vierzig Jahren Wiederbegegnung mit Wolfram Krempel, der einer aus meiner Klasse an der Schauspielschule in Ostberlin war. Wollte damals schon nicht Schauspieler, sondern Regisseur werden. Ist jetzt Intendant in Ingolstadt. Das Betontheater ist nicht übel, faßt etwa sechshundert Zuschauer, dreihundert waren nur da, aber es war trotzdem ein schöner Abend. Ohne Mikrofon.

Nach der Lesung etwa hundertsechzig Bücher signiert, dann Milchlamm gegessen und schön geplaudert. Die Preise auffällig: halb so hoch wie in Berlin.

Frei 18.4.97

Fahrt nach Nürnberg. Dort langer Spaziergang durch die Stadt. Abends für die Buchhandlung Edelmann gelesen im Aufseßsaal im Germanischen Museum am Kornmarkt. Ausverkauft. Schöne Lesung in drei Abteilungen, schönes und langes Gespräch mit den Leuten, Signierstunde – viele Bücher.

Ich hatte mir von Anfang an fest vorgenommen, ehrlich und intelligent zu diskutieren, keine Ausflüchte, keine eingelernten Sprüche. Das zahlt sich aus. Die Zuhörer sind offenbar zufrieden. Kein Mensch geht aus dem Saal, auch nach Stunden nicht.

Nachts halb zwölf Abfahrt nach Berlin. Ankunft dort gegen 4.00 Uhr morgens.

Otti noch angetroffen und ihr von der Reise erzählt.

So 20.4.97

Den ganzen Tag Post erledigt. Im wesentlichen Absagen. Ich kann und will nicht mehr so viel arbeiten.

Mo 21.4.97

Heute ist Abfahrt zur zweiten und letzten Lesewoche. Um 15.00 Uhr geht es nach Rostock. Dort wird K. M. Schädlich zu uns stoßen.

Pünktliche Abholung in demselben BMW.

Zweiteilige Lesung in Rostock im großen Saal der »Ostsee-Zeitung«, der früher einmal der große Saal der »Neues Deutschland«-Druckerei war. Geschichte über den Schneesturm von

1970 erzählt, wo mich auf einsamer Landstraße zwischen Rostock und Neustrelitz ein LKW mit Schneeketten und voller »ND«s gerettet hat.

Di 22.4.97

Mittags nach Lübeck, dort Signierstunde in der Buchhandlung Weiland. Vorher im Fischladen Krabben gegessen, dann bei Niederegger Kaffee getrunken.

Dann Fahrt nach Kiel. Dort im Kieler »Schloß«, einem wenig schönen Neubau, dreiteilig gelesen und anschließend mit dem Publikum ein gutes Gespräch gehabt. Der Buchhändler Thiel Junker Martensen (!) und seine Frau sind ein sehr seltsames Pärchen. Mit den beiden gingen wir in einer Heimatkneipe Sauerfleisch essen.

Mi 23.4.97

Fahrt über Autobahn von Lübeck nach Münster. Dort im Hotel »Mövenpick« einen Schlaf-Anfall überstanden.

Lesung in der Aula der Pädagogischen Hochschule. Ausnahmsweise nicht ganz voll, jedoch gutes Gespräch mit dem Publikum.

Veranstalter war eine Konzertagentur, geleitet von einem Ehepaar, mit dem wir abends bei »Pinkus Müller« gut gegessen haben: Sauerkraut mit Bratkartoffeln, dazu eine halbe Brat- und eine halbe Blutwurst.

Do 24.4.97

Kurze Fahrt nach Dortmund, dort Signierstunde bei Bücher Krüger. Schrecklich. Zwanzig Bücher signiert, sonst nur Leute, die Fotos machen wollten, am liebsten solche, auf denen sie mit dem Künstler gemeinsam zu sehen sind. Blöde neue Unsitte.

Abends Lesung im Harenberg Center. Schlimmer Ton. Hallig. Verdirbt die ganze Lesung.

Herrn Harenberg kennengelernt. Bonvivant der alten Schule. In seinem bonfortionösen Büro zwei »Junge Wilde«, zweieinhalb Meter mal einsachtzig. Nackter Mann von hinten und Auto in New York, auch von hinten.

Abends Essen bei »Hövels« in Dortmund. Eher was für die Augen. Der Programmleiter von ECON stößt dazu. Gespräche über Jureks Postkartenbuch. Beschluß: Das Buch soll kein Querformat sein, es soll beim Betrachten der Karten nicht gewendet oder gedreht werden müssen. Es soll heißen »Jurek Beckers NEUIGKEITEN an Manfred Krug & Otti«. Alle ausgewählten Karten sollen in Druckbuchstaben zu lesen sein. Viele Karten sollen ihre Vorderseite zeigen. Von weniger Karten sollen beschriebene Seiten faksimiliert werden.

Frei 25.4.97

Fahrt nach Düsseldorf, dort Signierstunde und Spaziergang. Abschied von K. M. Schädlich. Dann Fahrt nach Köln, dort letzte Lesung. Saal wie immer voll. Leute interessiert. Viele Ossis. Anschließend Notessen im »Dom-Hotel«, ein Neppladen mit schrecklicher Küche.

So 27.4.97

Heute ist der große Tag, an dem alle, die nicht bei der Beerdigung sein durften, von Jurek Abschied nehmen. Um 11.30 Uhr geht's los, im großen Saal der Akademie. Noch nie im Leben war ich in einer Akademie, und es wird mit diesem Besuch sein Bewenden haben. Die hübsche Karin Kiwus, Lebensgefährtin von Frank Beyer, hat die Veranstaltung organisiert. Sie ist erregt, als hätte sie die beiden Teile »Faust« zur Aufführung zu bringen. Alles ist überlegt und abgesprochen, und alle Fehler sind geplant und deshalb unkorrigierbar. Ich ärgere sie ein bißchen, indem ich es ihr sage: sie läßt die gedenkenden Künstler im Pulk auftreten. Auf der Bühne stehen sechs Stühlchen und sechs Mikrofönchen, als hätte es einer der Zwerge nicht geschafft. In ausbaldowerter Reihenfolge treten die sechs auf, ein jeder setzt sich. Sechs Auftritte hätten freilich mehr Abwechselung gebracht als einer. Dann referiert sie kurz, wer Jurek Becker war und petzt, aus welchem seiner Bücher jeder von uns lesen wird. Auch meine kleine Überraschung, daß ich nämlich Postkarten von ihm lesen werde, plaudert sie aus.

Der Saal ist knallvoll. Viele Leute müssen stehen.

Zuerst liest Frank Beyer Becker. Dann laufen drei Filmteile, die Frank Beyer nach Becker gedreht hat.

Dann liest Irene Dische Becker.

Dann liest Christa Wolf Becker.

Dann liest Günter Grass Becker.

Dann liest Lena Stolze Becker. Sie ist eine neue Freundin der Familie, die ich heute zum ersten Mal sehe.

Dann lese ich dreißig persönliche Postkarten von Becker, die allesamt derart komisch sind, daß die Leute schallend lachen, sich nach der Trauerarbeit der ersten anderthalb Stunden geradezu ausschütten.

Dann passiert, was ich befürchtet und dem ich mit allen Mitteln, aber vergeblich, entgegengewirkt habe: seine letzte Karte an Otti ist fürchterlich in ihrer gewollten Helden-Komik. Ich muß heulen wie ein Hund, kriege mit Not die letzten Zeilen heraus und gehe mit den anderen ab.

Es ist schrecklich mit mir. Ich habe das von meiner Oma geerbt. Die Leute unten, die noch eben schallend gelacht hatten, heulen mit. Schlagartig sozusagen.

Abends in n-tv sehe ich zufällig einen kurzen Beitrag über die Feier und höre die Sprecherin sagen: »Beim Lesen der letzten Karte brach er in Tränen aus.« Aber davon sendeten sie Gott sei Dank kein Bild.

Später auf N3 ein Beitrag über Stalins Liebe zum Film. Wunderbare Beispiele für seine Einflußnahme auf den Selbstkult. Stalin liebte außer den Filmen über sich Kriminalfilme und Schlägereien. Sein Lieblingsfilm aber war die sowjetische Musikkomödie »Wolga, Wolga«. Nicht jedermanns Sache.

Alle Dschughaschwili-Darsteller auf einem Haufen gesehen, aber der schönste Filmstalin war Stalin. Unter dem Abspann die geilste Szene des Films: Drei Sowjetsoldaten zeigen ihren unvergleichlichen, getragenen Parademarsch mit aufgepflanztem Bajonett vor dem Mausoleum.

Frei 2.5.97

Krista Maria Schädlich ist da und sortiert Jureks Karten aus. Ich schreibe drüben in der Werkstatt die Zwischentexte. Wir überlegen, ob auch die alten Karten mit in den Band sollen.

Die Buchgestalterin ist gekommen. Sie heißt Leonore Wienstrath, eine ältere, gut erhaltene Dame mit hübscher Figur, kurzsichtig, Brille, schöne Zähne, sensible Züge, irgendwie Mädchen geblieben. Angenehm. Ein bißchen schrullig. Wäre früher mein Fall gewesen. Spricht ganz leise. Stammt aus der DDR. Lebt in Ahrensburg bei Hamburg. Hat »hanseatisches« Gebaren geübt, das sie ein bißchen ausstellt. Als wir mit allem fertig sind, will sie nicht gehen. Folgendes haben wir verabredet: Das Buch soll, wie schon mit dem Verlag besprochen, gerade so groß sein, daß man es beim Betrachten der Karten, ob Quer-, ob Hochformat, nicht drehen muß.

Ich berichte ihr, daß Jurek einmal bei mir eine Broschüre über gesunde Küche gesehen hat, von der er ganz begeistert war. Die Titelseite war grün, darauf in roten Buchstaben Verfasser und Titel.

»So ein Buch möchte ich gern mal machen«, hatte er damals gesagt. Aber es kam nie dazu.

»Oh, das trifft sich gut«, sagt die Wienstrath. »Rot auf Grün ist meine Lieblingskombination.«

Schon waren wir uns einig. Es wird ein flaschengrüner Einband, darauf in Siebdruck oben in roten Buchstaben JUREK BECKERS, darunter etwas größer NEUIGKEITEN, darunter das Schwarz-Weiß-Foto von 1958, Jurek in Zivil und mich in Uniform der Nationalen Volksarmee zeigend, darunter AN MANFRED KRUG & OTTI. Nichts auf die Hinterseite des Buchs. Kein Schutzumschlag. Vierfarbdruck. Alle ausgewählten Kartentexte in Buchdruck. Von der Mehrzahl der Karten die Schauseite. Von der Minderzahl die Schriftseite in Faksimile. Streufotos von den vier wichtigsten Geliebten und von Jurek selbst. Dunkle Einlegeseiten im Buchblock, um die Jahreszahlen zu markieren. Kein buntes Vorsatzpapier. Das muß ein schönes Buch werden.

Damals, bei »Abgehauen«, wollte der Verlag ums Verrecken einen anderen Schutzumschlag haben. Sie wollten von mir ein fettes Portrait vorn drauf haben – nur über meine Leiche. Sie wollten hinten ein kleines Dichterbildchen und einen Text über die Vorzüge des Buchs haben – nur über meine Leiche. Dann wollten sie den Hinterkopf mit Glatze nur genehmigen, wenn man auf der Rückseite die dazu passende Vorderansicht hätte drucken können, quasi wie einen, der durch das Buch hindurchschaut – auch nur über meine Leiche. Sie mußten es genau so machen, wie ich es haben wollte, sonst hätte ich es glatt sein lassen. Heute könnte ich bei ECON ein Buch in Herzform mit einem Pferdeappel vorn drauf machen. So ist das.

Mo 5.5.97

Marlene ist eine Persönlichkeit. Kann ein Baby schon eine Persönlichkeit sein?

»Püppi hat Papa ganz lieb«, sagt sie.

»Gibst du mir ein Bussi?«

»Nein«, sagt sie.

»Aber wenn du den Blechkoffer haben willst, will ich ein Bussi haben.«

»Kein Bussi«, sagt sie, und hält den Blechkoffer fest in der kleinen, von Grübchen geschmückten Speckhand.

Frei 9. 5. 97

Der Mann von der Werbeagentur SEA war hier. Er brachte einige schrecklich ungeratene TV-Spots mit, von denen wir vier aussuchten und in Ordnung brachten. Es geht um die Meinung im Volk, das Telefonieren bei der Telekom sei teuer. Ein Vorurteil, das man korrigieren müsse. Er war über die Maßen glücklich und übrigens auch kreativ an diesem Tag. Wir dachten uns gemeinsam einen Spot gegen das Konkurrenzunternehmen »o. tel.o« aus, über den er besonders glücklich war. Er scheint sich klar darüber zu sein, wie wertvoll meine Mitarbeit als Autor bei der ganzen Sache ist, sonst würde er kaum die Reise antreten.

Abends auf ein Bier bei Franz Diener gewesen, dort Charles Brauer getroffen, der erschöpft von Theaterproben kam.

Frei 16. 5. 97

Den halben Tag bei großer Hitze an dem Scheißdrehbuch »Undercover Camping« herumgebastelt. Es krankt an einem angeborenen Fehler und ist nicht zu retten. Was soll man machen? Der »Tatort« geht mir zunehmend auf die Nerven.

So 18. 5. 97 Pfingstsonntag

Mittags halb eins holen mich die Pröbrocks zu dem alljährlichen Gartenfest bei Uli Schamoni ab.

Uli Schamoni und Erika haben geheiratet. Heute quasi. Das war die große Überraschung. Viele Leute waren da, auch Kohlhaase und Emöke, seine Frau. Rita Zimmer und ihre Schwester. An dem Tisch saß ich eine Weile, wir sprachen wieder mal über Günther Fischer, ich erklärte wieder mal, wie es zu dem »Spiegel«-Artikel damals gekommen war. Emöke fand einmal mehr, daß ich das nicht öffentlich hätte machen sollen. »Alle, die im Ausland waren«, sagte Emöke, »mußten damals Berichte schreiben, das wußte doch jeder«.

Das ging mir auf den Keks. Das kann man heute in guter Gesellschaft anstandslos sagen. »Wenn ich ins Ausland hätte reisen dürfen, hätte man mit mir eine solche Verabredung nicht treffen können. Ich hätte einfach NEIN gesagt. Wo gibt's denn so was?« sagte ich ihr, und die beiden Zimmer-Schwestern nickten. Und Emöke kuckte nicht schlecht. Das hatte sie noch nie gehört.

Mi 21. 5. 97

Am 20. Mai fuhr ich nach Hamburg, den neuen »Tatort« anzufangen. »Undercover Camping« heißt das Ding. Wie immer habe ich das Buch mit vielen Anmerkungen zurückgegeben, sie haben es geändert. Vier Tage haben Autor & Dramaturgin Ramcke dran gearbeitet, es ist besser geworden.

Bei großer Kälte und viel Regen gedreht. Schrecklich. Langsame Truppe. Junger Regisseur. Übt noch, ist aber verständig. Peter Striebeck dreht mit. War mal Intendant des Thalia Theaters in Hamburg. Gemütlicher Mensch. Er hat eine Flasche Rotwein an mich verloren, weil meine Vermutung über die Herkunft seines Namens die richtigere war (Heintze-Cascorbi, »Die deutschen Familiennamen«).

Do 29. 5. 97 / Frei 30. 5. 97

In dieser Nacht Rückfahrt von Hamburg mit dem Auto nach Berlin. Der alte Catcher und Rennfahrer Felix hat nur zwei Stunden und zehn Minuten gebraucht.

So 8. 6. 97

Die Püppis verlassen um 10.00 Uhr die Wohnung, nachdem wir zusammen Kaffee getrunken und Bilderbuch gelesen hatten.

Frei 20.6.97

Die letzten Tage und Wochen recht eintönig. Von montags bis freitags den Tatort »Undercover Camping« gedreht, am Wochenende nach Hause geflogen – so ging das bis zum letzten Drehtag, der war gestern.

Alle »Tatort«-Leute meinten, das nächste Drehbuch mit dem Arbeitstitel »Kulleraugen«[11] sei endlich mal recht gut, man brauche es nur noch anständig zu verfilmen. Als Regisseur vorgesehen ist Helmut Förnbacher.

Von all denen, einschließlich Charly Brauer, Charly Schöps und Kerstin Ramcke, ist nicht ein warnendes Wort gekommen.

Ich lese also das Buch, fast nur noch pro forma. Undrehbar. Ich rufe Schöps an und sage es ihm. Großes, ehrliches Erstaunen bei ihm.

Krisensitzung Schöps, Ramcke, Förnbacher in Hamburg. Heinze hat eine hübsche Reise ins Ausland, irgendwas mit Filmjury oder so.

Di 24.6.97

Treffen mit Sauer von der UFA, Frank Beyer, Uli Plenzdorf, Witte vom WDR und noch eine wichtige Dame vom WDR.

Was machen wir nur mit der »Rahmenhandlung«? Große Frage: Wer soll denn den M. Krug spielen? Den könne doch keiner spielen, eine Imitation von Krug, das wär doch nix usw. Frank Beyer schlägt vor, M. Krug soll sich selbst spielen. Man könne eine »Verabredung mit dem Publikum« treffen und klären, warum er als einziger zwanzig Jahre älter sei als alle anderen. Der Vorschlag gefällt nicht sehr in der Runde. Ich schlage vor, M. Krug weist den jüngeren Schauspieler, der ihn spielen soll, in scheinbar privaten Gesprächen ein und setzt sich mit ihm darüber auseinander, wie wichtig oder eben unwichtig die Frage der »Ähnlichkeit« sein darf.

---

[11] Die Folge wurde später unter dem Titel »Arme Püppi« gesendet.

_Do 26. 6. 97_
Seit Monaten liegt ein sogenanntes »Tatort-Special« als Drehbuch bei mir herum. Autorin ist Frau Doris Heinze (NDR), von der ich in letzter Zeit zwei TV-Filme hintereinander gesehen habe, beide doof und beide mit Hape Kerkeling. Frau Heinze übt sanften Druck aus, ich solle es doch mal lesen, sie sei bereit, auch die härteste Kritik hinzunehmen. Heute habe ich es gelesen. Kann man nicht machen. Ich habe es ihr mit wenigen entnervten Anmerkungen zurückgeschickt und abgesagt.

Ich bin entschlossen, Charly Schöps meine »Tatort«-Mitarbeit schriftlich zu kündigen. Nur was ich unterschrieben habe, will ich noch zu Ende bringen. Das sind dieses Jahr noch zwei und nächstes Jahr noch drei »Tatorte«.

Frei 27. 6. 97
Die ganze Nacht mit Kerstin Ramcke und Helmut Förnbacher das Drehbuch »Kulleraugen« geändert. Nach seiner Theatervorstellung kam spät abends Charles Brauer noch hinzu. Wo immer man eine Seite dieses Drehbuchs aufschlägt, ist es nichts als lausige Konstruktion, fadenscheinig, unplausibel, roh.

Es ist ein ideales Buch zum Wegschmeißen, aber wir müssen uns damit quälen, weil wir nichts anderes haben. Der ganze Dreh ist vorbereitet. Müde und verschwitzt trennen wir uns in der Frühe um 5.00 Uhr, nachdem wir uns für morgen zur zweiten Runde verabredet haben.

Ich fühle mich mit meiner Weigerung einsam, von allen verraten. Denn sie alle hätten das Buch, wie es ist, verfilmt. Bin ich nun ein Querulant? Wissen die anderen nicht genau, was sie tun? Beides ist unerträglich.

_Sa 28. 6. 97_
17.00 Uhr ein weiteres Treffen in meiner Wohnung. Ramcke, Förnbacher und sein Regieassistent, später Brauer. Förnbacher

räumt ein, daß er in jedem einzelnen Punkt meine Meinung teilt. Aber was nützt mir das jetzt noch. Alles in allem ist es so, daß ich als Störenfried betrachtet werde.

Wir haben größte Schwierigkeiten, auch nur das Nötigste zu ändern. Wir versuchen Logik, Menschlichkeit, Plausibilität einzuarbeiten und stellen fest, daß die aus lauter Seidenfäden bestehende Konstruktion unentwegt zu reißen droht. Wir arbeiten bis morgens um 2.30 Uhr. Der Regieassistent schreibt unsere zum Teil nur fragmentarischen Ergebnisse in seinen Laptop. Wir essen Ottis Erbsensuppe mit Würstchen. Alle sind erschöpft. Der Drehbeginn wird um eine Woche verschoben.

Heute habe ich den Kündigungsbrief an Schöps in den Kasten geworfen.

So 29.6.97

30 Grad Hitze im Schatten, kein gutes Wetter für mich.

Nachmittags Fahrt mit Petra & Marlene zum deutsch-französischen Volksfest in der Nähe des Flugplatzes Tegel. Das Fest ist nichts als ein ganz gewöhnlicher Rummel. Wir fahren Riesenrad und Karussell, ich kaufe zwei Kilo Pfirsiche. Anschließend spontane Fahrt zu Papa, der einen sehr hinfälligen Eindruck macht. Sein Hämatom ist jetzt als großer blauer Streifen über dem rechten Beckenknochen zu sehen. Wir sitzen im Garten und plaudern, so gut es mit dem Alten noch geht. Er hat sein Hörgerät installiert. Marlene ist bestens gelaunt, sie spricht in ganzen Sätzen und macht dem Großvater Freude. Immer wieder nascht sie von den Pfirsichen, die ich geschält habe und die sie auf der Rückfahrt prompt erbricht. Abends sind wir zusammen bei mir, die Kleine ist wieder wohlauf. Sie ist meine Augenweide, mir wird bewußt, wie viel ich von den Kindheiten der drei Großen verpaßt habe. Schade.

Bei den folgenden Seiten handelt es sich um Nachträge, wie ein Eintrag vom 25.12.97 zeigt: »Ich habe heute angefangen, ein paar Lü-

cken im Tagebuch zu füllen. Es handelt sich um die dunkle Zeit ab meinem Schlaganfall bis zur Entlassung aus der Rehaklinik. Das wird einige Tage dauern.«

Mo 30.6.97

Ottilie hatte ihren Damenabend wie jeden Montag. Der Club besteht aus fünf Frauen, die abwechselnd in ihren Wohnungen ein selbst gekochtes Essen geben und anschließend Mau-Mau spielen, um eine Reisekasse damit aufzufüllen.

Petra und Marlene waren zu Besuch. Es war halb elf, das Kind wollte nicht müde sein, sondern hungrig. Und es wollte Wurst haben. Ich ging in Ottis Wohnung, wo ich einen Wurstzipfel fand. Als ich die Tür zu Ottis Wohnung wieder verschloß, hatte ich das Gefühl, nicht zu wissen, was ich tat. Ich stellte irgendwie mechanisch den Teller auf dem Tisch ab und kam mir hilflos vor. Petra sagte später, ich hätte sie seltsam leer betrachtet. Das Kind wollte seinen Wursteller haben.

Ich verließ das Zimmer, ging auf den Flur hinaus, wußte nicht, warum. Ich wußte nur, daß ich eine Schwierigkeit zu lösen hatte und daß ich allein sein wollte. Ich ging den Flur entlang auf die Toilette. Die Bilder, die meine Augen übertrugen, waren nicht gleich. Sie fügten sich nicht zu einem Bild zusammen. Ich hatte das Gefühl, mit jedem Auge verschiedene Dinge zu sehen – wie man sich den Blick eines Chamäleons vorstellt. Ich wußte, daß in meinem Gehirn etwas Außergewöhnliches vorging.

Ein paar Augenblicke lang konnte ich nichts empfinden als Angst. Ich spürte, daß ich in Sekundenschnelle hilflos wurde. Plötzlich wußte ich, daß ich nicht sprechen konnte, ohne es versucht zu haben. Aufrecht gehen konnte ich. Ich ging zurück ins Zimmer und schaute stumm auf Petra, ich wollte wissen, ob man mir etwas anmerken würde.

Petra fragte: »Ist etwas passiert?« Sie nahm mich leicht stützend in den Arm.

Ich konnte nicht sprechen. Ich konnte nicht sagen: »Der Computer muß ausgeschaltet werden.« Das hätte ich gern gesagt. Ich sah mich dastehen, hilflos, waidwund.

Petra wußte nicht, was ich sagen wollte, sie wußte auch nicht, wie das Gerät abzuschalten war. Niemand sollte meine Notizen lesen, das war mir das Wichtigste. Immer wieder wollte ich sagen, daß der Computer abgeschaltet werden müsse. Ich brachte es nicht heraus. Noch als ich hinstürzte und spürte, daß der rechte Arm nicht mehr in der Lage war, auf den Computer zu zeigen, wollte ich es sagen. Ich wollte mich auf den neuen Ledersessel setzen und stürzte nieder, weil mein rechtes Bein den einen Schritt nicht ausführen konnte, so erreichte ich den Sessel nicht, stürzte vor ihm nieder.

Mit dem linken Arm befühlte ich den rechten, ich konnte mir die Taubheit nicht erklären.

Die kleine Marlene verstand, daß etwas Schlimmes geschehen war, sie fing an zu weinen und sagte immer wieder: »Papa, Papa …«

Ich konnte kein tröstendes Wort für sie herausbringen. Das gehörte in diesen Augenblicken zum Schlimmsten. Während mir das Gesicht zu erstarren schien, dachte ich an die Liebe zu diesem Kind, zu meinem wunderbaren Goldköpfchen.

Petra fragte, ob sie das Auto aus der Tiefgarage holen solle. Ich schüttelte den Kopf. Ob sie den Notarzt rufen solle, ich nickte, sie rief die Feuerwehr.

Um 23.15 Uhr war der Wagen da, fünfzehn Minuten später auch eine junge Notärztin. Der Blutdruck war so hoch, daß sie mich nicht für transportfähig hielt und erst ein Medikament injizierte.

Ich wollte meine Brille gewaschen haben, konnte es aber nicht klarmachen, bis Petra es endlich herausfand. Ich wollte alles gut sehen, was in den nächsten Augenblicken mit mir geschehen würde. Ich wollte alles sehen, solange ich noch bei Besinnung war und sehen konnte. Ich hielt es für möglich, daß ich ohnmächtig würde.

Endlich schleppten mich die Sanitäter die Treppen aus dem 5. Stock herunter. Ich spürte, wie schwer ich ihnen war, wie sie torkelten.

Auf der Straße hatten sich die Neugierigen aus den Kneipen im Haus versammelt und glotzten.

Dann fuhr ich, auf eine Trage geschnallt, mit Blaulicht und Fanfare in einem rumpligen Auto, von der jungen Ärztin und einem Sanitäter versorgt, in die Charité. Die Fahrt schien mir endlos. Ich sah, daß die Ärztin schlank und hübsch war. Ich stellte mir die nächtliche Großstadt vor Augen, die vorbeifliegenden Häuser, während ich in Wahrheit bloß die schwankende Gluckerflasche erblickte, aus der eine blutverdünnende Lösung in meinen Körper sickerte.

Mein ganzes Leben hindurch waren die Sanitätsautos flakkernd und trompetend durch die Städte gefahren. Ich habe mich manchmal gefragt, wie dreckig mag es dem Menschen da drinnen jetzt gehen, daß er mit so einem schreienden Auto durch die Stadt rasen muß; vielleicht ist er schon tot.

Jetzt lag zum ersten Mal ich in dem Auto. Und ich wußte nicht, wie es mir geht. Wenn es das Ende ist, dachte ich, soll es nur so sanft und schmerzlos weitergehen, bis du nichts mehr spürst. Das wäre ein Geschäft.

In der Charité schob man mich in die Röhre eines Magnet-Resonanz-Tomographen. Ich fühlte mich wie in einem Plastiksarg, in dem ich vergessen worden war. Es war die Vorhölle. Schon nach Sekunden wollte ich fliehen.

Es war klar, daß dieses Gerät für jedermann zu eng war, für einen fleischigen Menschen wie mich umso mehr.

Ich mußte mich zusammenreißen und alles tun, damit scharfe Bilder entstehen konnten. Ich wagte nicht, Luft zu holen, dazu schien mir kein Platz. Es wäre kein Platz zum Schreien da gewesen.

Ich hatte das Gefühl, etwa eine Viertelstunde dort zu liegen. Schläge dröhnten mir durchs Gehirn, metallische Hiebe eines Niethammers, mit dem früher Brücken und Schiffe zusammengestaucht wurden.

Ich riß mich zusammen, ich wollte, daß sie gute Bilder machen konnten.

Petra blieb in der Wohnung bis 24.00 Uhr. Sie hat das Kind gestillt, etwas aufgeräumt und versucht, sich zu beruhigen. Sie mußte Otti anrufen und ihr auf den Anrufbeantworter sagen, was geschehen war:

»Guten Tag, Frau Krug, entschuldigen Sie, daß ich anrufe. Ich würde das nicht tun, wenn es nicht wichtig wäre. Manfred hat einen Schlaganfall erlitten. Er wird in die Charité gebracht. Wenn Sie dort hinkommen, melden Sie sich bitte in der Rettungsstelle, ich werde auch dort sein.«

Petra stieg mit dem Kind in ein Taxi und sah gerade noch Ottilie vor dem Haus vorfahren. Es war Mitternacht.

Ottilie erinnert sich etwas anders: Sie sei etwa um 23.00 Uhr nach Hause gekommen, habe das Nachthemd schon angehabt, sich dann entschlossen, doch den Anrufbeantworter noch abzuhören. Sie habe einen Schreikrampf, einen Nervenzusammenbruch erlitten, habe wie verrückt auf den Küchentisch getrommelt und sich später gewundert, daß kein Hausbewohner sie gerettet habe.

Sie habe dann die Nachricht immer wieder abgehört und sich gefragt: wie kann die Person das Wichtigste vergessen, nämlich das Krankenhaus zu nennen? Endlich habe sie das Wort »Charité« wahrgenommen. Dann habe sie eine Stunde dagesessen und geheult. Sie dachte, ich sei tot. Endlich habe sie ihre Schwester Leonore angerufen, die sei nicht da gewesen. Und endlich sei sie mit einem Taxi in die Klinik gefahren. Dort habe sie Petra und das Kind getroffen, die seien um 2.00 Uhr morgens nach Hause gefahren, sie selbst habe bis halb vier ausgeharrt. Man habe ihr schließlich ein Zimmer bereitgestellt, sie sei aber bis zum nächsten Morgen nach Hause gefahren.

Als Petra, bald nach dem Krankenwagen, auf dem Charitégelände angekommen war, hat sie die junge Ärztin noch getroffen, die ihr geholfen hat, die Rettungsstelle zu finden. Petra saß mit dem Kind in der Klinik, der Arzt bestätigte ihr, daß es ein Schlaganfall sei. Sie sah mich nur einmal, als ich in die Tomographie gefahren wurde. Sie beschreibt, daß ich ihr und dem Kind zugewinkt hätte.

Etwa um 2.00 Uhr kam Otti. Sie begrüßte Petra und setzte sich neben sie, das Kind beachtete sie nicht. Petra berichtete, was sie bis dahin wußte. Otti war sehr erregt.

Nachdem ich die Tortur der Computerröhre überstanden hatte, brachte ein Arzt die beiden Frauen in mein Zimmer.

Der Arzt hat Otti gesagt, daß sie noch nicht wüßten, ob eine Operation an meinem Gehirn nötig sei.

In der schwersten Nacht meines Lebens war nun alles ans Licht gekommen.

Stockend brachte ich drei erste Worte über die Lippen: »Alles in Ordnung?«

Ottilie nickte mir zu: Alles in Ordnung.

Petra und Otti saßen beide an meinem Bett und redeten leise mit mir. Marlene beobachtete mich stumm und aufmerksam. Petra legte ihre Hand auf meinen Arm, und für einen Moment begegneten sich die Hände der beiden Frauen.

Zwei Schlaganfall-Patienten waren dazugekommen, die untersucht werden mußten, ein Mann und eine Frau.

Petra und Otti gingen hinaus, eine Tasse Kaffee trinken. Marlene sagte, sich zu mir umwendend: »Papa. Papa …«

Otti sagte: »Du kannst ja gleich wieder zu deinem Papa.«

Otti blieb noch draußen sitzen. Petra kam mit dem Kind zum Abschied noch einmal herein.

Wenn Marlene nicht weiß, wie ein Ding oder eine Person heißt, sagt sie: »Das ist …? Das ist …? Das ist …?«

Dann muß man ergänzend sagen: »… ein Hubschrauber« oder »… eine Feuerwehr.«

Dann prägt sie sich das neue Wort ein, indem sie es wiederholt.

Diesmal zeigte sie, während sie auf Petras Arm in mein Krankenzimmer getragen wurde, auf Ottilie: »Das ist …? Das ist …?«

Petra antwortete kurzerhand: »Das ist Tante Ottilie.«

Seither weiß die Kleine, wer Tante Ottilie ist, und manchmal, wenn ich einen Rest Suppe aus der großen Küche herüberhole, fragt Marlene: »Von Tante Otti?«

Ich versuchte, den gelähmten Arm zu bewegen, und wollte sagen: »Es wird wieder …«

Petra sah mich sinnlos nach Worten suchen und sagte: »Habe ich dich verstanden? Wolltest du sagen: Es wird wieder?«

Ich nickte ihr staunend zu. Manchmal ist sie blitzschnell in ihrer Langsamkeit.

Der Arzt fragte, wie er sich verhalten solle, wenn Presse auftaucht. Er wolle keine Unruhe unter den Patienten haben. Petra sagte, er könne beruhigt sein, von ihr und Frau Krug komme nichts an die Presse.

Um 3.00 Uhr morgens ging Petra mit dem Kind nach Hause.

Di 1.7.97

Während der ersten Tage lag ich mit einem etwa gleichaltrigen Mann und einer älteren Frau in einem Zimmer.

Die Frau war durch eine Art Paravent verdeckt, aber das war nicht der einzige Grund, warum man mit ihr keinen Kontakt aufnehmen konnte. Sie war schwerhörig und ebenso sprachbehindert wie ich. Um ihre Atmung zu erleichtern, waren ihr die Zähne aus dem Mund genommen worden, was eine Verständigung vollends unmöglich machte.

Der Mann lag mir gegenüber, ihm konnte ich, solange die Kraft reichte, immerhin zuhören. Er war von großer Geduld, manchmal dauerte es fünf Minuten, ehe ich ein einziges Wort fand. Er hatte diese Art Sprachlosigkeit am eigenen Leib erfahren, deshalb schien er darin geübt, meine kargen Gesprächsbeiträge ungefähr zu erraten.

Noch im Januar hatte ich Jurek im Krankenhaus aus tiefster Seele bedauert. Jetzt war ich selbst an wechselnd piepsende Dosiermaschinen und tropfenzählende Flaschen angeschlossen.

Jeden Tag besuchte mich Ottilie und, in sicherem Abstand, Petra und Marlene. Nach drei Tagen konnte ich in ein Einzelzimmer umziehen. Daniel, Fanny und Fine kamen mich nacheinander besuchen. Sie waren alle drei von ihrer Mutter informiert worden, daß sie neuerdings eine kleine Halbschwester namens Marlene haben. Sie schonten mich, ließen mich wissen, daß sie sich über die neue Verwandte freuen. Das sei ja eine schöne Überraschung. Soweit ich mich verständlich machen konnte, riet ich dringend ab, davon etwas in der Öffentlichkeit auszuplaudern. Das fehlte in meiner Lage noch, diese Geschichte mit allen Ausschmückungen in der Ordinär-Presse wiederzufinden. Alle hielten sich daran.

Den Ärzten und Schwestern der Charité gelang es, meine Anwesenheit dort bis zum Entlassungstag geheimzuhalten. Und auch die Verwandten und Besucher der Mitpatienten hielten dicht. Es war ein Wunder.

Mi 2.7.97[12]

Ottilie sagt ihre geplante Reise nach Portugal ab. Sie ruft ihre Freundin Elke Thonke an, die mit dem Kardiologen aus der Charité gut bekannt ist. Er soll sich zusätzlich um mich kümmern.

---

[12] Von diesem Eintrag an erzählt MK das Erlebte im Präsens nach.

Als Ottilie kommt, bringe ich das Wort »Schaf« hervor, und sie weiß nicht, was ich will. Ich will etwas sehr Kompliziertes, ich will, daß sie den Produzenten Charly Schöps, der für den »Tatort« zuständig ist, in Hamburg anruft. Und ich weiß auch, daß er Schöps heißt, kann aber das Wort nicht bilden. In einer Ecke meines Gehirns ist das alte Wort für »Schaf«, nämlich »Schöps«, aufbewahrt. Sie hat es nicht verstanden. Wie sollte sie.

Auch meinen alten Freund und Jazztrompeter Meinhard Lüning hat Ottilie alarmiert. Wegen einer Fußverletzung selbst an Krücken, kommt er auf einen Besuch vorbei. Auch er muß mit einem Selbstgespräch vorliebnehmen.

Während er mir tröstliche Worte sagt, schweife ich ab. Du kannst noch hören, denke ich bei mir. Vielleicht kannst du diktieren, und jemand schreibt es auf.

Der Professor kommt mit zunehmenden Diagnosen hin und wieder in mein Zimmer und rät mir, einen Herzschrittmacher einbauen zu lassen. Das sei für ihn ein Klacks. Er habe den Schrittmacher in der DDR quasi »erfunden«, er könne gar nicht mehr zählen, wie viele er installiert habe, er sei von Anfang an dabei gewesen, Hinz und Kunz trügen seine Kästchen in der Brust usw. Das Vorhofflimmern in meinem Herzen sei allerdings so lange verschlampt worden und so weit fortgeschritten, daß die Möglichkeiten, die das Gerät grundsätzlich biete, nicht ausgeschöpft werden könnten, deshalb seien auch nicht zwei Sonden zur Stimulierung des Herzrhythmus nötig, sondern nur eine, aber helfen würde der Herzschrittmacher allemal.

Do 3.7.97

Ottilie ist von ihrer Schwester Leonore in deren Trabant in die Klinik gefahren worden, wo sie beide mich besuchen. Zum ersten Mal überwinde ich meine Sprachlosigkeit, und zwar mithilfe des Gesangs. Plötzlich fällt mir ein Lied ein, das ich seit fünfzig Jahren nicht mehr gesungen habe, und trällere in glockenreiner Intonation:

»Heidewitzka, Herr Kapitän,
Im Himmele Bötsche fahremer so jähn.«

Die beiden Mädchen wagen nur ein schüchternes Lächeln. Sie können nicht wissen, daß ich meinen Sangesausbruch als Erfolg ansehe, denn mir wird schlagartig klar: der musikalische Bereich in meinem Hirn ist offenbar ohne Schaden davongekommen.

Mir schießt durch den Kopf: Vielleicht könnte ich wenigstens mal wieder eine Platte aufnehmen! Mir war auch aufgefallen, daß ich den Text ohne Stottern und in der original Kölschen Färbung vortragen konnte.

Heute ist Kurt Mühle, der letzte Bohemien vom Prenzlauer Berg, beerdigt worden, ich wäre hingegangen.

Frei 4.7.97

Ich hätte ab 1. Juli den Tatort »Kulleraugen« drehen sollen. Der ist geplatzt.

Ein Hamburger Arzt will von mir wissen, warum ich nicht angetreten sei, er müsse der Filmversicherung Erklärungen geben. Er sei extra von Hamburg nach Berlin gereist. Ich koche vor Wut über die Versicherungsgeier. Ein Leben lang haben sie an mir verdient und die Beiträge kassiert, nicht ein einziger Drehtag ist meinetwegen ausgefallen, und jetzt geben sie mir nicht einmal Zeit, bis ich wieder ordentlich sprechen kann. Ich habe den Kerl rausgeschmissen. Aber am nächsten Tag war er wieder da.

Sa 5.7.97

Ich bin eingeschnallt und umgürtet von mehreren Gerätschaften, die ein Langzeit-EKG aufzeichnen und meinen Schlaf beobachten sollen, was sie aber nur zum Teil vollbracht haben, weil der Techniker nicht alle Stöpsel richtig auf der Haut verklebt und an die Geräte angeschlossen hat, und ich habe wohl auch im Schlaf noch einige Stöpsel verloren.

Der Hamburger Arzt will jetzt wissen, was los ist.

»Ein Schlaganfall ist los«, sage ich. »Bitte lassen Sie sich in Gottes Namen von den Ärzten die Unterlagen kopieren.«

So 6.7.97

Vormittags war Otti da, nachmittags die Kinder. Ich nehme kontinuierlich ab, weil mir die Kost zuwider ist. Schon deshalb möchte ich in einem Krankenhaus nicht sterben, weil es dort nicht einmal eine Henkersmahlzeit gibt.

Mo 7.7.97

Ein schöner Sommertag. Ich werde aus der Charité entlassen.

Vielleicht an ein Dutzend Maschinen war ich angeschlossen worden, ebenso vielen Ärzten und Technikern war ich flüchtig begegnet. Sie hatten mehr oder weniger geschäftsmäßig notiert, was sie auf ihren Bildschirmen abgelesen hatten, dann karrten mich die Schwestern auf meinem Rollbett in die nächste Abteilung an eine neue Maschine. Das ist ein fröhliches Leben und Sterben in einem solchen Krankenhaus. Wie sollen die Menschen, die dort arbeiten, auch anders zurechtkommen. Ich habe einige Ärzte und Schwestern heimlich lieben gelernt. Heimlich deswegen, weil ich mich selbst gewiß nicht zu den liebenswerten Patienten gezählt habe und nicht sicher sein konnte, ob sich jemand über meine Wertschätzung freuen würde. Die Schwestern wünschen sich eher den leutseligen Kranken, der freundlich mit dem Kopf nickt, den er unterm Arm trägt. Von den Totengräbern weiß man, daß sie sogar mit Leichen gern ein paar vertrauliche Worte wechseln.

Ich packe meine Sachen zusammen. Josephine ist zu Besuch und hilft mir. Die ersten Ratten von der Presse schnüffeln im

Haus herum, werden aber von Ärzten und Schwestern in die Irre geführt, so daß ich entkommen kann. Auch auf der Straße haben sie mich offenbar noch nicht erwartet.

Di 8. 7. 97

Ich könnte weinen vor Glück, daß ich die Luft unserer schönen Wohnung wieder atmen kann, die sich zusammensetzt aus den verschiedensten zarten Düften. Da ist das Leder der Buchrücken, der Wollduft von den Teppichen, ein bißchen Möbelpolitur von den Tischen und vom Klavier, und ein Hauch DDR-Sidol, mit dem ich die alten Lampen manchmal putze.

Ich schlafe in meinem Bett. So muß es im Himmel sein, wenn man dort überhaupt noch schläft. Unglaublich, in welchen Folterbetten ich das Krankenhaus überdauert habe.

Unsere Klingeln sind abgestellt. Aber in der Pension unten klingelt's in einer Tour.

Und morgen früh muß ich in die »Brandenburgklinik«.

Ein schöner Sommermorgen. Auf der Straße stehen die Fotoluden und lassen ihre Kameras jaulen.

Der Fahrer, der durch eine glückliche Ampelfügung entkommen kann und mich aus dem Gestank der Stadt in die duftenden Wälder um Wandlitz fährt, redet mir gut zu. Er habe schon unzählige Menschen in die Rehaklinik gefahren, sie seien alle begeistert gewesen, und nur ganz wenige seien nicht wieder mit ihm hinausgefahren, sondern mit einem Totenwagen. Auch ich bin begeistert, die Landschaft wird immer schöner, und als sich endlich das Tor zu dem Klinikgelände öffnet, habe ich das Gefühl, das Gröbste überstanden zu haben.

Der Neurologe untersucht mich. Er stellt fest, was ich freilich schon weiß, daß meine gesamte rechte Seite leicht gelähmt ist. Ich kann eingeschränkt greifen, humpelnd gehen und nur wenig ertasten. Er stellt mir einen täglichen Laufzettel aus, ich muß zur Gymnastik, zur Ergotherapie, zum Logopäden, die tägliche Massage ist nicht vorgesehen, die ertrotze ich mir. Der Neurologe ist stolz auf seine Abteilung, das sieht man ihm an.

Mi 9.7.97

Erster Arbeitstag in der Rehaklinik. Ich habe im Dachgeschoß des Neubaus eine Mansarde mit Blick in den Wald. Durch einen schmalen Spalt im Fenstervorhang entdecke ich die ersten Presseluden, die sich, mit Frühstücksbeuteln und Thermosflaschen ausgerüstet, im Unterholz eingerichtet haben. Noch suchen sie unauffällig die Fassade ab, noch wissen sie nicht, wo ich stecke. Sie werden eine Woche lang im Wald und unten beim Pförtner herumlungern, um ein Foto zu machen. Ich will aber meine Krankheit so lange wie möglich allein genießen, und wirklich, außer dem Zigarrenstummel, der für einen Moment hinter meiner Sessellehne hervorlugt, kriegen sie nichts zu sehen.

Während der ersten Tage darf ich die junge blonde Krankengymnastin auf meinem Zimmer empfangen. Sie erforscht die Taubheit in Arm und Bein und reibt mich mit einem nassen Handtuch ab. Während sie ins Schwitzen kommt, fragt sie immer wieder: »Tut's weh?«

»Ich sehe, wie schwer Sie arbeiten«, sage ich. »Es müßte wehtun. Aber ich merke nichts davon.«

Am Nachmittag entdecke ich, daß sie meinen Arm bis zum Schultergelenk aufgescheuert hat. Ich sehe aus, als sei ich mit dem Motorrad gestürzt. Noch bei meiner Entlassung, nachdem der Schorf abgeheilt war, habe ich diesen roten Indianerarm. Darüber habe ich heldenhaft geschwiegen. Die Kleine beschäftigt sich während der folgenden Tage mit dem Bein.

Do 10.7.97

Ottilie probiert verschiedene Anfahrten aus.

Seit heute darf ich jeden Tag für eine halbe Stunde zum Logopäden, der gleich nebenan in seinem schlecht gelüfteten Kabüffchen sitzt. Er soll mir helfen, wieder schreiben und sprechen zu lernen. Erst hier wird mir das ganze Ausmaß der Verheerungen in meinem Gehirn bewußt. Ich spreche stotternd, suche nach Worten, breche Sätze resignierend ab. An Schreiben ist nicht zu denken. Ich erkenne die Buchstaben, aber lesen, einen ganzen Gedanken erfassen, fällt mir schwer. Nach wenigen Sekunden bin ich erschöpft. Auch nur ein einziges Wort schreiben, das liegt in weiter Ferne, ich wage es kaum, einen Bleistift anzufassen. Es ängstigt mich, die sinnlosen Krakel zu sehen, die ich auf dem Papier hinterlasse. Dabei ist es weniger die Taubheit meiner rechten Hand, es ist die Taubheit meines Gehirns, das sich nicht erinnern kann, wie irgendein Wort geschrieben wird, und sei es auch nur das wichtige Wort »Manfred«.

Am Nachmittag erster Besuch Ottis in der Rehaklinik. Sie schleicht unerkannt an den Presseluden vorbei.

In den späten Abendstunden, wenn ich sicher sein kann, schleiche ich am Pförtner vorbei aus dem Haus, das schon verschlossen ist. In der Dämmerung drehe ich dann sieben straff gehumpelte Runden um die »Brandenburgklinik«. Es ist die einzige Stunde, in der ich mich im Freien blicken lasse.

Frei 11. 7. 97

Heute fahre ich für eine Nacht zurück in die Charité, der Herzschrittmacher wird eingebaut. Durch einen Hinterausgang schmuggelt mich der Fahrer in den Wagen, die ganze Reise bleibt unbemerkt.

Das Zimmer in der Charité, in dem ich warte, hat etwas von einer Abstellkammer mit Bett. Meine Utensilien für die kleine Reise habe ich in einer Plastiktüte, die Salbe, um den wunden Arm einzureiben, Zahnbürste, Rasierer, ein bißchen Wäsche. Die

Stunden schleppen sich dahin. Irgendwo liegt eine alte Zeitung, ich kann nicht mehr als drei Sätze lesen.

In einem Krankenhaus möchte ich den schönsten Tod nicht sterben.

Endlich werde ich über viele Flure und Etagen vor den Operationsraum gerollt. An diesem Tag sind noch drei weitere Herzschrittmacher einzusetzen, ich bin der zweite und warte auf dem zugigen Flur. Immer wartet man in Krankenhäusern auf zugigen Fluren.

Die Tür geht auf, drei grün maskierte Gestalten blicken mich ernst an. Den Professor erkenne ich an seiner Fülle, die beiden Schwestern daran, daß sie nach alter DDR-Sitte zu laut und zu oft »Herr Professor« sagen. Die sechs Augen blicken derart konzentriert, daß ich in ihnen nicht die leiseste Regung von Zuversicht erkennen kann. Während ich die Arme an meinen Körper presse, wobei ich gleichzeitig die Hände unter den Rücken schieben muß, legt der Meister das abgerundet viereckige, teflonbeschichtete Kästchen parat und sagt:

»Ich muß nämlich aufpassen, daß ich keinen Pneu steche, das fehlte gerade noch.«

»Daß Sie keinen Pneu stechen?« sage ich.

»Ja, aber das ist mir in letzter Zeit kaum passiert«, sagt er.

Ich frage mich, warum er mir das antut. Er will nicht für einen Routinier gehalten werden. Er will noch immer ein bißchen der Pionier aus der alten Schrittmacherzeit sein, der sich, zusammen mit seinem Patienten, vor keinem Abenteuer scheut.

Ich nehme mir vor, ihn mit letzter Kraft zu erwürgen, wenn er mir auch nur den geringsten Pneu sticht.

Kein Trost zu finden in dieser Operationshöhle.

Ich sage: »Was machen Sie in diesem Augenblick?«

»Ich bereite alles Nötige vor.«

»Und die Schwestern?«

»Die helfen mir dabei. Auf welcher Seite wollen Sie den Schnitt haben?«

»Kann man sich das aussuchen?« sage ich.

»Ja. Mir ist es völlig gleichgültig, rechts oder links? Manche tragen das Gerät links nicht gern wegen des Anschnallgurts im Auto.«

»Ich schlafe lieber links als rechts«, sage ich. »Vielleicht sollte ich es auch rechts tragen.«

Er pinselt mir die Brust mit einem gelben Zeug ein, die Schwestern verdecken mein Gesicht und prüfen, ob die Hände richtig unterm Rücken klemmen. In der Zeit haben sie ein dutzendmal die Anrede »Herr Professor« untergebracht. Für mich gibt es nicht die kleinste Geste des Trostes, kein Streicheln über die schwitzende Stirn. Ich versuche selbst, so etwas wie eine freundliche Stimmung zu erzeugen, und sage:

»Ich würde Sie in der U-Bahn nicht wiedererkennen, ich könnte nicht mit dem Finger auf Sie zeigen und sagen: Sie haben mich damals so gequält.«

»Gott sei Dank«, sagt die Schwester mit den blauen Augen, und die mit den braunen sagt: »Reicht das, Herr Professor?«

»Sie schneiden es auf, und dann?« sage ich.

»Dann führe ich die Sonde in die XY-Arterie, mache eine Tasche, schiebe das Gerät hinein und nähe das Ganze wieder zu.«

»Schwester, tupfen Sie mir bitte den Schweiß ab«, sage ich. »Und was ist mit der Betäubung?«

»Wir machen eine örtliche Betäubung.«

»Hören Sie«, sage ich. »Neulich war ich bei einem Arzt, der hat auf Anraten meines verstorbenen Freundes weiter nichts gemacht, als mir mit einem Schlauch in den Hintern zu kukken. Da hat es aber eine wunderbare Spritze gegeben, die das Ganze erträglich gemacht hat. Ein Westarzt, in einer kleinen Westpraxis, mit einer Westspritze. War sehr angenehm.«

»So was haben wir hier nicht. Aber in Gottes Namen, ich kann Ihnen was Leichtes geben ...«

Ich nehme mit meiner guten linken Hand für einen Moment die grüne Leinwand vom Gesicht, um zu sehen, was er macht. Die Schwester gibt ihm eine Spritze, die er mir sozusagen im Vorbeigehen mit einem mir theatralisch vorkommenden Schisslaweng zwei Zentimeter tief in den Oberschenkel haut. Ja, haut. Es war die schmerzhafteste Aktion, die ich während der ganzen Zeit meines Schlaganfalls zu erdulden hatte. Ich bilde mir sogar ein, einen geheimen Blick der Verständigung zwischen ihm und den Schwestern bemerkt zu haben. Wenn der Feigling eine Spritze braucht, soll er sie kriegen. Noch eine Woche später habe ich unter Schmerzen in dem tauben Schenkel den Bluterguß massiert, den er mir zugefügt hat.

Dann fertigt er die Tasche an, und es zeigt sich, daß sie zu eng geraten ist. Er räsoniert über das ungewöhnlich feste Fleisch, das ihm Probleme beim Einschieben des Schrittmachers bereiten würde. Mit beiden Händen fest zupackend, wühlt er das Loch erst zurecht, das zur Aufnahme des Kästchens nötig ist. Ich höre die Fasern zwischen der Haut und dem Brustmuskel reißen.

Während der Rückfahrt in mein trostloses Zimmer warte ich immer noch auf die Wirkung jener Spritze, die der Mensch mir so tief ins Fleisch gestoßen hatte.

Von diesem Moment an bin ich Träger eines Herzschrittmachers, der inzwischen so viel Platz in der Tasche gefunden hat, daß er als Beule deutlich zu sehen ist und wie eine lokkere Kniescheibe unter meiner Haut hin und her wabbelt.

Später sagte er, er hätte das Gerät auch tiefer im Muskel plazieren können, wenn ich es gewünscht hätte. Ich konnte es nicht wünschen, weil ich nichts davon wußte. Er wußte aber, welchen Beruf ich ausübe und daß nackte Oberkörper auch bei älteren Schauspielern vorkommen können (zum Beispiel wenn sie Galeerensträflinge spielen).

Sa 12. 7. 97

Besuch von Otti. Die »Tasche« tut mir noch weh. Eine Woche lang wird die gelbe Farbe von der Operation zu sehen sein.

Es fällt mir schwer, mich zu waschen, dauernd fällt mir die Seife aus der Hand, die halbe Zeit krieche ich auf dem Boden der Dusche herum.

Ich kann nicht mehr schreiben. Das macht nichts. Ich höre aber. Ich kann noch diktieren. Bald werde ich nicht mehr stottern, dann kann ich in ein Diktiergerät sprechen.

Ich möchte wieder unterschreiben können. Rechtsgültig. Ich gehe jeden Tag zum Logopäden und sehne mich danach, die Schrift wiederzufinden. Vielleicht nicht ganz, nur ein bißchen. Vorerst.

So 13. 7. 97

Ottilie kommt mich jeden zweiten Tag besuchen. Es ist für sie immer ein umständliches Unterfangen. Sie fährt ab Bahnhof Zoo mit der S-Bahn, steigt Ostkreuz um und fährt dann bis zur Endstation Bernau. Von dort nimmt sie ein Taxi. Die Fahrt dauert jeweils zwei Stunden. Neulich hat man beim S-Bahnhof Schönhauser Allee eine Fliegerbombe aus dem Weltkrieg gefunden. Alle Passagiere mußten Bahnhof Greifswalder Straße den Zug verlassen und sich einen anderen Weg nach Bernau suchen.

Jede Woche bringt sie mir zwei Liter Frankenwein und immer etwas Besonderes zu essen mit. Ich bin ihr von Herzen dankbar und denke manchmal daran, daß sich wohl eine Gelegenheit finden wird, es ihr zu vergelten.

Mo 14. 7. 97

Jeden Tag nehme ich einen Stoß Papier vom Logopäden mit. Abends sitze ich da und versuche einzelne Buchstaben in Wörtern zu ergänzen, die sich reimen. Hin und wieder lande ich einen Treffer. Da steht zum Beispiel »Suppe«. Das Reimwort würde

»Puppe« heißen. Der erste Buchstabe fehlt. Ich weiß nicht, welchen Buchstaben ich hinschreiben soll, obwohl ich das Reimwort weiß. Ist das nicht ein Wahnsinn?

Heute war ich bei der Frisöse neben der Post zum Haareschneiden.

Obwohl ich der absolut gläserne Schauspieler bin, der ausschließlich auf Lohnsteuerkarte arbeitet, nehmen die Wichtigtuer vom Finanzamt eine »Betriebsprüfung« bei meinem »Steuerberater« vor.

Mi 16.7.97

Ich fange an zu schreiben. Nur in Großbuchstaben und mit vielen Fehlern. Und plötzlich, während ich manches Wort zehnmal hintereinander durchstreichen muß, ist meine Unterschrift da. Mein gutes altes, in einem Wort hingeschriebenes »Manfred Krug«. Mein Autogramm. Meine Identität. Im Grunde meine Rechtsfähigkeit.

Josephine zu Besuch.

Do 17.7.97

Otti bringt Tüten voller Post mit. Eine Flut von Mitgefühl. Wann soll ich das alles beantworten? Noch kann ich nur einzelne Buchstaben und meinen Friedrich Wilhelm schreiben. Vielleicht kann ich mich später für alle Briefe, Päckchen, Blumensträuße bedanken, jeden Tag werde ich einen Stapel abtragen.

Frei 18.7.97

Otti hat mich am Nachmittag besucht und Blumensträuße mitgebracht. Das halbe Zimmer steht voller Vasen. Außerdem bringt sie einen kleinen kaukasischen Teppich mit, den ich als Augenweide auf mein leeres Nachbarbett lege.

Mo 21. 7. 97

Otti ist zu Besuch. Ich sage ihr, daß ich bei äußerster Konzentration in der Lage sei, eine Telefonnummer oder einen Namen aufzuschreiben.

Während der Rehazeit war zwei Mal eine Frau mit Blumen in der Klinik. Ich habe sie nicht vorgelassen. Ich hatte sie 1958 in Doberlug-Kirchhain als Soldat kennengelernt. Sie war die Ehefrau des Regimentskommandeurs und verfolgt mich seit damals.

Mi 23. 7. 97

Otti zu Besuch. Sie nimmt immer die Post, die sie das letzte Mal gebracht hat, mit nach Hause, wo sie sich stapelt.

Die Schwester meldet einen Mann an, der mich von früher her kennt, sagt er. Er habe damals im Stahlwerk Brandenburg mit mir am Ofen gestanden. Ich lasse mich ausnahmsweise bluffen, an ein paar Leute aus der alten Zeit erinnere ich mich bis zum heutigen Tag. Gespannt erwarte ich den Auftritt eines alten Schmelzers in meinem Zimmer.

Der Mann hat eine junge Dame bei sich und einen Blumenstrauß in der Hand. Er ist knapp vierzig und kann nie mit mir zusammen gearbeitet haben, weil ich damals der Jüngste auf der Ofenbühne war. Ich habe ihm ein paar Fragen gestellt und ihn anschließend vor die Tür gesetzt. Er war ein Zeitungslude, der als erster mit einem Interview herauskommen wollte. Die Blumen hatte ich ihm aus der Hand genommen.

Do 24. 7. 97

Petra und Marlene zu Besuch. Wir gehen oft zu einer Imbißbude bei einem Autohändler, der Marlene mit allerlei Werbematerial und netten Kinkerlitzchen beschenkt. Wir trinken Kaffee und essen eine echte Ost-Bockwurst mit einem echten Ost-Brötchen.

Frei 25.7.97

Begleitet von ihrer Schwester Regine kommt Otti mich besuchen.

Regine hatte während der Reise durch Paris ein kleines Abenteuer mit ihrem Mann Werner. Die Wasserpumpe am Opel war kaputt, sie mußten einen Tag länger auf das Ersatzteil warten und so lange mit dem Bus fahren. Werner hatte sich in den Kopf gesetzt, die Dame seines Herzens einmal zur Busfahrt einzuladen. Er zückt seine treudeutsche Brieftasche, zahlt, wird dabei von einem Unbekannten beobachtet, und die Brieftasche ist weg. Das Geld, die Papiere, alles weg.

Der Polizist, der das Protokoll aufnimmt, sagt ungerührt: »Sie sind fast unter sich. 90% aller Bestohlenen sind deutsche Touristen.«

Sa 26.7.97

Mit Petra und Marlene im Auto zum Opa Rudolf und Oma Margret nach Hohen Neuendorf gefahren. Wir saßen im Garten. Opa sagt: »Da hast du nun den hübschen Jungen und kriegst einen Schlaganfall.«

So 27.7.97

Otti besucht mich zum letzten Mal in der Reha, bevor sie mit Schwester Leonore zu ihrem Urlaubsrest nach Hiddensee fährt, wo sie bis zum 3. August bleiben wird, um am Montag, 4. Aug. den Schuldienst wieder anzutreten.

Mo 28.7.97

Jeden Tag gehe ich zum manuellen Training. Dort muß ich Schrauben auf Gewinde drehen, Gegenstände ertasten, Knetewürstchen flechten und dergleichen. Es fängt immer mit einer großen Schüssel an, die mit ein paar Kilo weißer Bohnen gefüllt ist. Die Bohnen muß ich eine halbe Stunde lang durchwühlen, um die Taktilität meiner rechten Hand wiederzuerlangen. Dabei fällt mir auf, daß ich in dem Bohnenhaufen immer wieder mal einer einzigen braunen Bohne begegne, und ich frage mich, warum keiner der vielen Patienten diese unordentliche Bohne jemals aussortiert hat. Eines Tages, als ich sie wieder erwische, stecke ich den Fremdling in die Hosentasche. Diese braune Bohne wird neben dem Kieselstein von Marlene für immer in meinem Regal liegen.

Di 29. 7. 97

Jeden Tag treffe ich am Fahrstuhl und im Treppenhaus ältere Leute, die mir ihre Geschichten erzählen. Manche sitzen in Rollstühlen, manche können kaum sprechen und sind dankbar für meine Bemühungen, das zu ergänzen, was sie sagen wollen. Ich bin der Jüngste unter ihnen.

Mi 30. 7. 97

Bis heute habe ich ein auffälliges Stottern behalten, es scheint aus demselben Hirnvakuum zu kommen wie das Schreibstottern, das allerdings viel auffälliger ist.

Dennoch, gestern habe ich damit angefangen, in meiner guten alten Schreibschrift die ersten Sätze zu formulieren. Wie ein Fremdkörper liegt der Bleistift zwischen den tauben Fingern.

Do 31. 7. 97

Seit Tagen mit dem Neurologen um die Entlassung aus der Klinik gefeilscht. Jeden Tag bin ich meine Runden um die Klinik gelaufen und habe das Humpeln unterdrückt. Alle sollten mich aus den Fenstern sehen und dem Arzt erzählen, wie gut ich schon laufen kann. Übers Wochenende sollte ich noch dort bleiben, schließlich habe ich ihm den heutigen Donnerstag abgetrotzt.

Er schaut sich noch mal meinen Fuß an, ob er richtig »abrollt«.

Ich gehe quer durch den Raum und versuche, nicht zu humpeln.

Er hämmert auf meine Knie, drückt die Hand, ob sie Kraft hat, wechselt ein paar Worte.

»Am Anfang waren Sie sehr mißtrauisch gegen mich. Das hat sich ein bißchen gebessert. Oder?«

»Ich wollte mich mit Ihnen nicht anfreunden. Ich wollte nicht, daß Sie sich dafür schämen, mir so wenig geholfen zu haben.«

»Habe ich Ihnen wenig geholfen?«

»Ich glaube, der liebe Gott hat mir eins verpaßt, und dann hat er in seinem Kalender gesehen, daß ich noch nicht dran war. Da hat er sich geniert und mir wieder auf die Beine geholfen. Das wissen Sie selbst am besten.«

Frei 1.8.97

Manfred mit Petra und Marlene allein zu Haus. Ich liebe meine Wohnung. Soll niemand drin wohnen als Manfred allein. Blick über die Dächer. Alle Plastiktüten und den Koffer ausgepackt.

Sa 2.8.97

Ich sortiere die Post und entwerfe, noch ein bißchen mühsam, die ersten liebenswürdigen Standardbriefe zur Beantwortung von Genesungswünschen. Mein guter alter Computer ist ein wahrer Freund in diesen Tagen. Die Unterschrift geht mir von der Hand. Nur jedes zweite Kuvert muß ich wegschmeißen, weil ich mich bei den Adressen dauernd verschreibe.

So 3.8.97

Otti kommt abends aus Hiddensee zurück. Sie freut sich, mich beim Sortieren der Genesungswünsche zu finden, und hilft mir. Sie sagt, meine Fortschritte seien bei ihren Besuchen in der »Brandenburgklinik« jedes Mal zu sehen und zu hören gewesen. Und das habe sich auch in der letzten Woche fortgesetzt.

Mo 4.8.97

Während der Krankheit habe ich nichts aufschreiben können. Ich suche nach den vergessenen Tagen. Was ich heute nicht aufschreibe, das werde ich morgen nicht erlebt haben. Jeder über fünfzig sollte ein Tagebuch führen, weil er dann mehr erlebt.

Di 5.8.97

Ich gehe immer wieder durch die Wohnung und freue mich daran. Mein Bett, mein herrliches Bett. Die Bücher, die Schallplatten, jede Vase, jeder Stuhl. Die altgewohnten Handgriffe, die Kaffeebüchse, die Waschmaschine, die ersten Touren auf meinem »Fahrrad«, die Dusche. Alles fällt mir herunter, jedes Glas setze ich falsch ab, dauernd muß ich etwas aufwischen oder zusammenkehren. Aber ich bin glücklich.

Mi 6.8.97

Auf seinen Wunsch Kontakt zu Herrn Rietzler vom »Spiegel« aufgenommen und Termin bestätigt.

Do 7.8.97

Ohne den Computer, der mir erlaubt, unzählige Tippfehler zu korrigieren, die teils durch meine noch immer taube Hand, teils aber auch durch ausgefallene Hirnfunktionen entstehen, wäre ich aufgeschmissen. Ich entwerfe noch speziellere Dankesbriefe, die ich wiederverwenden kann und nur unterschreiben muß.

Frei 8.8.97

Herr Dr. Rietzler vom »Spiegel« kommt zu Besuch, stellt seinen Kassettenrecorder auf den Tisch und fängt mit dem Interview an. (Eine Frage wiederholt er übrigens, die er schon damals, als die Auszüge aus »Abgehauen« im »Spiegel« erschienen waren, gestellt hatte: »Haben Sie das allein geschrieben?« Ich glaube, er ist nie den Verdacht losgeworden, daß Jurek mir geholfen haben könnte.)

Während des Gesprächs habe ich das Gefühl, ihm nichts Spannendes erzählt zu haben.

Ich sage: »Tut mir leid. Mein Instinkt hat mich verlassen. Früher wußte ich immer, was man den Lesern anbieten kann und was nicht. Ich bin so unkonzentriert, schade.«

»Den Eindruck habe ich gar nicht«, sagt er. »Das reicht für einen guten Bericht. Ich schicke Ihnen das Manuskript zu, und Sie können es durchsehen. Es ist übrigens nicht ausgeschlossen, daß eine Titelgeschichte daraus wird.«

Ich lache.

Mo 11.8.97

Dr. Rietzler vom »Spiegel« hat angerufen. Ihm gefalle das Interview immer besser, er könne sich vorstellen, daß tatsächlich eine Titelstory daraus werden kann. Er werde vorsichtshalber das Equipment und eine gute Fotografin für ein Titelbild mitbringen.

Di 12.8.97

Aus dem Branchenbuch suche ich einen günstig gelegenen Arzt und finde die Kardiologin, die gleich an der Lietzenburger Ecke Bundesallee ihre Praxis hat. Heute erster Termin.

Mi 13.8.97

Um 14.00 Uhr begann der Fototermin für den »Spiegel« in meiner Wohnung. Die Fotografin, die vor zwanzig Jahren schon auf unserem Grundstück in Ostberlin für einen »Spiegel«-Bericht einige Fotos gemacht hatte, war mit einem Assistenten da, der allerlei Scheinwerfer aufbauen mußte. Damals hatte sie schwarze Haare und war sehr hübsch, heute ist sie immer noch sehr hübsch, aber schlohweiß.

Dem Dr. Rietzler trug ich meine Korrekturwünsche vor, die er erfüllte. Es kam mir ebenso wie ihm darauf an, das geraffte Interview möglichst echt, eben wie ein Gespräch klingen zu lassen. Rietzler bekam bei der Gelegenheit einen Eindruck davon, mit welcher sprachlichen Genauigkeit ich dabei vorging. Jedenfalls hat er die Frage, ob ich »Abgehauen« allein geschrieben hätte, nicht wiederholt. Viele Fotos, darunter ein Titelfoto. Etwas Aufregung bei der Fotografin. Merkwürdigerweise gar keine Aufregung bei mir.

Sa 16.8.97

Otti und ich haben zu einem Fest geladen. Alle sollen sehen, daß ich wieder da bin. Mein Stottern hat bis zu einem erträglichen Maß nachgelassen. Kann sein, daß manche es gar nicht bemerken.

Mir ist klar geworden, daß ich näher beim Tod bin als beim Leben. Deshalb habe ich Siggi Schmidt-Joos eingeladen. Eberhard Esche, der mir als einziger nach »Abgehauen« einen Rechtsanwalt auf den Hals gehetzt hatte, war mit neuer Freundin da, Siggi mit der warmherzigen Kathrin. Frank Beyer und Karin Kiwus waren da, Stefan und Inge Heym, Regine und Werner Bender, Lüning, Christine Becker, die Moeses, Charly und Karin Pröbrock, Nicolas und Irene Becker, Krista M. Schädlich, Peter und Jutta Voigt und Hannah Zinn.

Christine begegnete mir nur einmal auf dem Flur. Sie wollte nur eines wissen: »Wer war bei dir, als es passiert ist, Petra?«

»Ja.«

Heym sprach über einen neuen Roman, den er begonnen hat. Zu dem alten Raben war ich besonders lieb.

Die Letzten gingen um halb vier.

So 17.8.97

Geradezu zärtlicher Anruf von Heym, wie schön es war und wie wohl er sich gefühlt habe.

Mo 18.8.97

»Spiegel«-Titel »Manfred Krug: Dem Tod begegnet«, dazu ein Foto, auf dem ich einen Hasen zeige.

Mi 20.8.97

Frank Beyer und ich fahren auf seinen Wunsch in unser ehemaliges Haus. Wir werden dort freundlich empfangen. Beyer schaut sich das Haus vom Keller bis zum Dach, von der Garage bis zum Gartenhäuschen genau an. Von dem alten Charme ist wenig übrig. Beide Seiteneingänge sind zugemauert, die Treppen entfernt, Keller und Souterrain zu Büroräumen gemacht, das wunderbare Bad abgerissen, die alten Toiletten und der herrliche Marmorwintergarten verschwunden, der Kamin weg.

Do 21.8.97

Ab 11.00 Uhr Frank Beyer und Uli Plenzdorf zum Schreiben bei mir.

So 24.8.97

Heiße Tage. Habe Marlene die Haare schneiden wollen. Es war ein Fiasko. Meine rechte Hand, noch halb taub, versagte ihren Dienst. Ich konnte mit der Haarschneidemaschine dem Kind die zarten, dünnen Haare einfach nicht schneiden. Auch mit der Schere nicht. Vielleicht spürte sie, daß ich behindert war. Sie schrie wie am Spieß, schrie sich in eine regelrechte Panik. Da ich aber mit dem Scheren angefangen hatte, mußte ich es zu Ende bringen. Sie hielt den Kopf nicht. Sie sah aus wie von Motten zerfressen. Ein Albtraum. Ich hatte Mitleid mit dem Kind. Mit mir auch. Überall, wo ich ein Büschel von ihren Haaren erhaschen konnte, schnitt ich es ab. Überall auf den Teppichen lagen Haare. Es wurde klar, daß an einen halbwegs gleichmäßigen Schnitt nicht mehr zu denken war. Ich gab verzweifelt auf, Marlene beruhigte sich nur langsam. Wir setzten uns auf den Balkon, die schlimmste Hitze ließ nach.

Ich redete ganz lieb mit ihr. »Hast du Angst vor deinem Papa?«

Es folgte eine reine Agitation, sie brauche keine Angst vor ihrem eigenen Papa zu haben, der habe ihr doch schon so oft die Fingernägel geschnitten, der hat Marlene lieb, nur noch ein paar Haare, dann ist alles erledigt. Plötzlich hielt sie ihren Kopf hin, ich durfte in aller Ruhe die Haare schneiden, freilich, da ich schon so viel verdorben hatte, schnitt ich ihr eine Glatze. Von Stund an hatte Marlene auch bei heißestem Wetter einen trockenen Kopf. Sie fühlte sich gut an, und sie fühlte sich wohl. Jeden Tag lobte ich sie, jeden Tag küßte ich sie, jeden Tag schwärmte ich von ihrem wunderbaren Haarschnitt.

Do 28.8.97

15.00 Uhr Herr Kindervater von der Telekom zu Besuch. Er ist dort für die Werbung zuständig. Er lieferte als Geschenk ein modernes Faxgerät ab und schien nachzuschauen, ob ich noch einsetzbar bin.

So 31.8.97

Lady Diana Frances Spencer, die niedliche Kindergärtnerin aus England, ist von den Fotoratten nachts um 2.00 Uhr in einem Pariser Straßentunnel bei 200 km/h zu Tode gehetzt worden.

Mit ihr starben ihr Freund Dodi Al-Fayed, Sohn eines ägyptischen Millionärs, und der Fahrer des Wagens. Einzig ihr Leibwächter überlebte.

Mo 1.9.97

Die Welt ist schockiert. Lady Diana, so eine Süße, und jetzt ist sie tot. Immer mehr setzt sich ihr neuer Ehrentitel »Königin der Herzen« durch. Die Leser der Yellow Press in aller Welt hat es am stärksten getroffen.

Jeden Tag bekomme ich Post von allen möglichen Schlaganfallvereinen und Kliniken. Die Ärzte und Geschäftsführer halten mich für einen Sonderschlagan-Fall. Ein Schauspieler muß gleich wieder wohlauf sein, damit er die resignierenden

Otto-Normal-Schlaganfälle trösten kann. Er muß in der Bevölkerung ein Schlaganfallbewußtsein erzeugen, damit man ihn gleich auch noch zum Geldsammeln verwenden kann. Die »Stiftung Deutsche Schlaganfall-Hilfe« in Gütersloh meint, ich hätte »das Tabu Schlaganfall ein Stück weit durchbrochen ...« und »... einer Million Schlaganfall-Betroffenen die Hoffnung gegeben, daß auch ihre Genesung gelingen kann.« Dazu drei Kilo Broschüren und Tätigkeitsberichte der Bertelsmann Stiftung, mit Fotos von altbekannten Köpfen: August Everding, Rita Süssmuth, Gerhard Schröder, Wolfgang Schäuble und anderen.

Eine Initiative »Kölner gegen den Schlaganfall« schrieb, Schauspieler seien Leitfiguren für viele Menschen. Man wolle in Köln durch Zusammenschluß aller sechzehn Kliniken dem Schlaganfall den Kampf ansagen. Da könnte ich, neben »hochrangigen« Persönlichkeiten, Aufklärungsarbeit leisten.

Eine Frau aus Langförden, die vor neun Jahren nach einem Schlaganfall den Mann verloren hatte, verkaufte kurzerhand ihren Hof und ihre Futtermühle und stellte ein Aphasie-Zentrum auf die nächste Wiese, um den Menschen wenigstens ihre Sprache wiederzugeben. Nach drei Jahren ist diese Klinik pleite, und niemand gibt Geld. Ich soll den Fall in den Medien bekannt machen, das wäre passend, weil ich ja zunächst auch die Sprache verloren hatte.

Ich könnte den ganzen Tag gut sein, das macht mich fertig, selbst jetzt, da ich kaum die Kraft habe, gut zu mir selber zu sein.

Der Tod Dianas war ein Gemeinschaftswerk. Die Fotoratten sind hinterhergefahren, der Fahrer war besoffen. Wie heiter dem Liebespaar zumute war, darüber hört man nichts. Große Meinungsvielfalt: Wer hat mehr Schuld, die Paparazzi oder der Fahrer?

Mi 3.9.97

In Amerika hat ein 64-jähriger Postbeamter, der von zwei Damen angemeckert worden war, weil die Warteschlange zu langsam vorwärtskam, diese Damen und darauf sich selbst erschossen.

Do 4.9.97

F. Beyer und U. Plenzdorf 11.00–15.00 Uhr zum Schreiben bei mir.

Der Sänger Joe Cocker hat das Lied »You are so beautiful« der Prinzessin Diana gewidmet. Die Queen soll auf dem Palastdach Halbmast flaggen, fordert das Volk.

Sa 6. 9. 97

Mutter Teresa ist gestern in Kalkutta, Georg Solti in Antibes gestorben.

Zweieinhalb Milliarden Menschen haben die Trauerfeier von Lady Diana verfolgt, das größte Medienereignis aller Zeiten. Mehr als sechs Millionen Menschen haben den Leichenzug in London mit eigenen Augen gesehen. 25.000 Polizisten waren landesweit im Einsatz. Um 14.30 Uhr schloß sich das Tor hinter dem Sarg in Althorp.

Dodi ist ein ägyptischer Spitzname und bedeutet »Würmchen«.

Mo 8.9.97

11.00 Uhr Frank Beyer und Uli Plenzdorf bei mir. Alles, was wir gemeinsam vor drei Tagen gefunden und erfunden haben, fehlt. Uli hat an der Feier, die wir bei Salow erfunden haben, kaum gearbeitet. Und wenn, dann ist ihm nichts eingefallen, er hat das meiste vergessen. Ich leider auch. Morgen muß ich mich mit Frank Beyer hinter seinem Rücken treffen, um etwas an dem Drehbuch zu »Abgehauen« zu schaffen.

Mein Herz, Zappelphilipp,
bleib stehen.
Wenn du dich traust.
Nichts bist du.
Du bist nichts ohne mich.
Klopf mir langsam nach:
Ich bin nichts ohne dich.

Do 11.9.97

Jurek ist ein halbes Jahr tot.

Sa 13.9.97

Mutter Teresa in Kalkutta beerdigt. Staatsbegräbnis. Sie hieß eigentlich Agnes. 1946 bat sie um die Erlaubnis, die Klausur des Ordens der Loretoschwestern, dem sie mit achtzehn Jahren beigetreten war, einstweilig verlassen zu dürfen, und gründete 1950 die Gemeinschaft »Missionarinnen der Nächstenliebe«. Diese Gemeinschaft erhielt später als Ordensgemeinschaft die päpstliche Approbation. 1979 wurde Mutter Teresa für ihre Arbeit mit dem Friedensnobelpreis geehrt.

Ich habe heute Pflaumen, Möhren und Porree vorgekocht, alles aus der Kiste von den Märkischen Höfen.

Di 16.9.97

Beyer und Plenzdorf von 11.00 Uhr bis 16.00 Uhr bei mir. Plenzdorf hat netterweise einen Topf Kartoffelsuppe mitgebracht, die seine Frau Helga Lieske über Nacht gekocht hat und die noch bis morgen reicht. Uli hat zu der Suppe einige recht schäbige Kunstdarmwürstchen eingekauft.

Das Drehbuch ist noch immer nicht fertig, Beyer unersättlich, Ulis Beiträge immer mal scharf daneben.

Ich habe beiden je einen Band »Jurek Beckers Neuigkeiten« geschenkt.

K. M. Schädlich hat sich über die Maßen gefreut, als sie hörte, daß »Abgehauen« nun verfilmt wird.

Die ZDF-Redakteurin heißt Pinkerneil und hat mich überredet, zwei Postkarten von Jurek und ein Stück Kommentar vorzulesen. Sie wird am Freitag kommen.

Mi 17.9.97

Von 11.00 Uhr bis 17.00 Uhr mit Beyer und Plenzdorf am Drehbuch gearbeitet. Den Rest Suppe gegessen mit den ollen Kunstdarm-Würstchen.

Beyer denkt dramaturgisch, alles hat Hand und Fuß. Er ist eine große Hilfe. Uli schweift gern ab.

Heute ist mein neues Faxgerät installiert worden. Ich weiß noch nicht, wozu ich es brauche. Es steht vorerst nur herum.

Habe Petra und Marlene versehentlich ausgesperrt. Werde immer blöder.

Frei 19.9.97

Die Bauleute im Haus gegenüber feiern Richtfest. Der Kasten ist höher geworden, als wir gefürchtet hatten. Wieder ein Stück Himmel weniger. Blasmusik. Richtkranz.

Von 11.00 Uhr bis 15.00 Uhr Plenzdorf und Beyer zum Drehbuchschreiben. Um 15.00 Uhr Frau Pinkerneil vom ZDF-»Bücherjournal« mit Drei-Mann-Team zum Drehen in der Wohnung. Otti und ich haben ein paar Jurek-Postkarten vorgelesen.

Sa 20.9.97

Ein Buch »Neuigkeiten« an Francis und Ronald Dutro nach San Francisco geschickt.

Nachmittags waren Daniel und seine Petra mit Ella-Louise zu Besuch. Die Kleine ist ein gemütlicher Speckmops mit den schönsten Pausbacken. Habe Daniel meine fast neue HI-8-Kamera mit allem Drum und Dran geschenkt, dazu den fast neuen HI-8-Videorecorder. Große Freude. Dazu einmal »Neuigkeiten«, wofür beide sich sehr interessiert haben. Ich glaube, es ist wirklich ein hübsches Buch.

Karl Marx hatte sieben Kinder mit Jenny von Westphahlen, nur drei überlebten. Eines hatte er wohl mit Lenchen Demuth. Das vermachte er aber seinem Freund Friedrich Engels, der die Vaterschaft jedoch nicht anerkannte. Nur Elend.

Er hatte Zeit seines Lebens den Hintern voller Furunkel. 1867 Veröffentlichung von »Das Kapital«. Aber er machte immer etwas Geld für Zigarren und fürs Saufen locker. Bravo. Er verglich sich mit Darwin, so groß war Darwin. 1881 Jennys Reise nach Argenteuil (Frankreich) zu den Enkeln. In London zurück, starb sie an Leberkrebs. Marx überlebte sie nur kurze Zeit. Er starb 1883. Nur Lenchen war noch im Haus, die dann Engels den Haushalt führte.

Hanns Eisler hat eine wunderschöne Nationalhymne für die DDR geschrieben. Und Becher einen schönen Text. Vielleicht das Schönste, was die Deutsche Demokratische Republik hinterlassen hat. Eisler war Österreicher und soff sich, nachdem er aus Amerika zurück war, manchmal in Westberlin einen an. Nicht mal zum Saufen konnte er es in der DDR aushalten. Ich habe ihn kennengelernt, als ich ein junger Mann und kurze Zeit am Berliner Ensemble war. Ich habe gehört, wie er das Lied »Über den Hügeln grün …« (Vertonung aus »Der Held der westlichen Welt«) gesungen hat, so zart und grölend. Ich war total Ohr und konnte den Blick nicht von ihm wenden. Er betrat einen Raum und brachte alles mit herein, Amerika, Wien, Lautheit, Zartheit, Jüdischkeit – eine kleine große Glatze, ein kleiner großer Mann. Als Brecht starb, ist er wohl auch erloschen. Er erlebte noch den XX. Parteitag, dann hatte er die Nase voll von der Arbeiterklasse, für die er wunderbare Lieder komponiert hatte, zum Beispiel »Lob des Kommunismus«. Ihm hätte ich 500 Jahre gewünscht. Was hätte er gesagt zu dem ganzen Scheiß? An seinem Staatsgrab standen die Weigel, Busch, Ulbricht.

Ich gehe zum ersten Mal nach dem Schlag ins »Diener«, wo ich die Meinecke und andere Mittrinker treffe. Habe nichts gegessen, nur für 60,– Mark Rotwein getrunken. Sträflich.

So 21. 9. 97

Ein kalter, herrlich sonniger Tag. Kopfschmerzen. Keine Kraft. Es reicht, um ein bißchen aufzuräumen.

Ich bin dabei, mich damit abzufinden, daß die ganze rechte Seite bis ans Ende meiner Tage gelähmt bleiben wird. Das Feingefühl der rechten Hand vermisse ich am meisten. Was für eine zärtliche rechte Hand ich hatte. Heute tappt dieses Wunderwerk von Hand nach der Computermaus, und ich muß mich freuen, wenn sie sie gefunden hat.

Otti verzweifelt an ihren Schulaufsätzen. Noch nie waren Kinder so blöd wie heute.

Mo 22. 9. 97

Von 11.00 Uhr bis 16.00 Uhr Beyer und Plenzdorf bei mir. Wir haben die vorerst letzten Lücken in dem Drehbuch »Abgehauen« geschlossen. Ich habe ein gutes Gefühl.

Der Redakteur von »Spiegel-TV« hat Frank Beyer das gesamte Interview geschickt, das er damals mit M. Salow aufgenommen hatte. Der tritt angetrunken vor die Kamera und läßt eine Mischung aus Rechtfertigung und Vorwurf gegen mich vom Stapel. Er redet mich direkt an, fordert mich auf, bei der Wahrheit zu bleiben. Ich solle mich mit ihm versöhnen, er habe mich nicht nur verraten, sondern auch geschützt. Er habe mir in seinen Berichten nicht geschadet. Auch er habe schwere Zeiten durchmachen müssen, nachdem er mir damals beim Packen geholfen habe. Das alles solle ich nicht vergessen und dergleichen.

Margie war nicht zu sehen, von ihr wurde auch nicht gesprochen. Was für ein Elend. Er tut mir nur leid.

Mi 24. 9. 97

11.00 Uhr bis 16.15 Uhr Plenzdorf und Beyer zum Drehbuchschreiben bei mir.

Ich habe das Drehbuch »Abgehauen« gelesen und finde es nicht schlecht. Es ist natürlich stellenweise schrecklich verkürzt, aber was soll man machen.

Ottilie wollte eigentlich gestern Abend ausgehen, also habe ich die Kinder kommen lassen und mit ihnen lecker Stullen gegessen. Noch keine 20.00 Uhr, da klingelt's. Otti war schon wieder zu Hause. Ein seltener Fall. Sie steht draußen vor der Tür und sagt, die Schädlich hätte angerufen, ob ich die Telefonmaschine nicht abhören wolle. Da mir klar war, daß Otti sich einsam fühlte, habe ich Marlene und Petra am Abendbrottisch glatt sitzen lassen, mich in der großen Wohnung mit Otti vor den Fernseher gehockt und bis 23.00 Uhr Händchen gehalten. Ich bin sicher, Otti wußte, daß ich Besuch hatte. Sie wollte Gesellschaft. Und sie hat sie bekommen.

Do 25. 9. 97

Heute war der vorerst letzte Tag mit Frank Beyer und Uli Plenzdorf. Ich bin erschöpft. Uli hat einen Topf absolut ungenießbarer, von seiner Frau Helga gekochten Tomatensuppe mitgebracht. Beyer hat drei Löffel gegessen und Ottilie, die dann von der Schule kam, einen. Nur Uli und ich Depp haben das Zeug wacker vertilgt, wahrscheinlich wollte ich Ulis Frau Helga, die ich gar nicht kenne, eine Freude machen in der Hoffnung, daß Uli ihr später von meinem Appetit erzählt. Der Rest wurde unauffällig ins Klo geschüttet.

Ich hatte selbst eine über Nacht eingeweichte Erbsensuppe gekocht, war extra am frühen Morgen wegen Kaßlerbrust und Suppengrün ins Kaufhaus gerannt – und dann diese Tomatentütensuppe.

Die beiden gingen erst um 18.00 Uhr. Jetzt wird das Drehbuch von allen möglichen Redakteuren und Produzenten gelesen, dann wird es eine Reaktion geben. Noch strotzt der Text, den Uli in seinen Computer geschrieben hat, vor Fehlern. Beyer war von uns dreien der Wacheste, der mit dem besten Überblick, was für das Buch noch gebraucht wird. Uli konnte am besten mit dem Computer umgehen, und ich habe munter drauflosgedichtet, wenn etwas fehlte.

Der Fernseher in der kleinen Wohnung ist kaputt. Kein Bild, kein Ton.

Abends kam Peter Herbolzheimer zu Besuch, der mit dem »Bujazzo« (Bundesjugendjazzorchester) in der Schwangeren Auster ein Konzert gibt. Wir sprachen von unserer Jugend. Damals, 1978, war er auch schon ein dicker Mann, hat aber noch einen Zentner zugelegt. Er kricht keine Luft, kam aber wie eine Nymphe die Treppe heraufgeschwebt, die eine, die nach dem Fahrstuhl noch geschafft werden muß. Er aß drei Teller von meiner Erbsensuppe und anschließend noch etwas Festes, Käse- und Wurststullen. Er war neulich zum Klassentreffen in seiner Heimatstadt Bukarest, die er mit sechzehn Jahren verlassen hatte. Er hatte gedacht, Rumänien würde ihn nie mehr interessieren, aber es war anders gekommen. Die Jugend war wieder da, der Park, die deutsche Schule, die Erinnerungen. Er will in Zukunft jedes Jahr einmal runterfahren. Der in Kronstadt gebürtige Rocksänger Peter Maffay (»Über sieben Brücken mußt du gehn«) habe ganz andere Gefühle, der habe gesagt, Rumänien würde er nicht mal mit dem Flugzeug überqueren.

Die Posaune hat der Peter beiseite gelegt, dazu fehlt ihm die Luft. Ich hab nichts am Herzen, sagt er, mein Blutdruck ist perfekt, ich bin gesund, ich will noch Afrika sehen und Brasilien und schöne Reisen mit dem Orchester machen, und ab 75 gehe ich in Rente. Mit 75 brauchen wir beide keine Rente mehr, hab ich gesagt. Da hat der Peter sehr ungläubig gekuckt.

Frei 26.9.97

Als ich mich morgens aufs Fahrrad setze und wie immer den Fernseher einschalte, ist er kaputt, auch in der anderen Wohnung. Es kommt heraus, daß der Kabelanschluß im ganzen Haus nicht funktioniert. Telekom angerufen – alles in Ordnung. Hausverwaltung angerufen, die wissen nichts. Endlich hat die Hausverwaltung ihren Hauselektriker bestellt, der hat die Kabel wieder angeschlossen, die von dem Kneipenbesitzer ummontiert und für seinen eigenen Fernseher abgezweigt worden waren. Die Menschen werden immer schlechter.

Auf Sumatra ist ein Airbus mit 240 Leuten abgestürzt. Seit Tagen brennt's dort. Die Bauern brauchen den Wald zwar auch für ihr Gemüse, aber die Holzkonzerne brauchen ihn noch dringender fürs Geschäftemachen. Eine Million Hektar Fläche sind futsch. Suharto – auch ein Politiker.

Sa 27.9.97

Otti hat mit Lisa alles für die Fete vorbereitet.

Die Heizungsmontöre haben mich gestern stundenlang mit dem Entlüften aller Heizkörper beschäftigt und dann die Warmwasserpumpen doch nicht angeschlossen. Das wird eine kalte Feier heute Abend. Ich hasse Handwerker, es sind unzuverlässige Burschen, im Osten wie im Westen.

Ich schrieb dem Juniorchef der Firma ein Fax, woraufhin der Mann erschien und mit mir in den Heizungskeller ging. Dort stellte sich heraus, daß sein Elektriker die Pumpen zwar tatsächlich angeschlossen, dann aber nicht überprüft hatte, ob Wärme aufsteigt. Da wir eine eigene, kleinere Pumpe haben, konnten wir feststellen, daß über diese Pumpe kein Tropfen Wasser transportiert worden war. Das ganze Haus konnte endlich beheizt werden, nur wir gingen leer aus. Der Juniorchef rief über Funk einen Helfer herbei, es wurde repariert, wir mußten am Abend nicht frieren. Eine endgültige Einstellung der Heizung ist aber noch nötig, denn einige Heizkörper werden nicht warm.

Ab 20.15 Uhr lief auf dem Sender B1 ein sogenannter »Gernsehabend«, der sich ganz dem Andenken an Jurek widmete. Ich zeichnete den sechs Stunden langen Abend auf. Dann kamen die Gäste: Jochen Bott, Gabi Katwan, die beiden Thonkes, Ottis Schwester mit Mann, Helga Seebach allein, Hagen Mueller-Stahl allein, Roman Bogdan, Tiziana Losito allein, Uli Plenzdorf allein, die beiden Schamonis, Peter Pohl, Uschi Brüning und »Luten« Petrowski, Architekt Thomas Baumann mit seiner Frau Kirsten, und Frank Beyer mit Karin Kiwus, die eine erstaunlich hübsche, gut geschnittene schwarze Hose anhatte. Ein ausgelassener Abend, an dem ich zu viel getrunken habe. Am Ende gab es eine Gesangseinlage, Uschi und ich sangen falsch, Petrowski holte eine Blockflöte aus der Tasche, und Urologe Roman Bogdan schmetterte einige schreckliche Arien heraus, darunter auch das berühmte Lied von Franz Lehar »Hast du dort oben vergessen auch mich?«.

So 28.9.97

Heute habe ich mir den »Gernsehabend« angesehen. Da gab es zuerst einen schlimmen Film von 1991 nach Jureks Roman »Schlaflose Tage«. Das Buch habe ich schon damals nur aus Liebe zu Ende gelesen. In dem Film sieht man einen häßlichen Lehrer, der eine häßliche Frau und eine häßliche Mutter hat, sich zwecks Lebenserneuerung von der Frau trennt und es mit einer häßlichen Freundin aufs Neue versucht. Diese will über Ungarn in den Westen abhauen. Ein gemeiner, langweiliger Film. Die Regisseurin tut so, als interessierte sie sich für die Schicksale der Figuren. Das ist aber gelogen, und das bekommt dem Film nicht. Die Texte kommen der Regisseurin so tief vor, daß sie die Schauspieler nur ganz langsam sprechen läßt, sie fürchtet offenbar, die Zuhörer könnten nicht mitkommen.

Dann kommt ein »Liebling Kreuzberg«-Film, dann eine Folge aus »Wir sind auch nur ein Volk« und dann »Jakob der Lügner«.

Mo 29.9.97

Ottilie brachte zwei Zeitungen mit, in denen über »Beckers Neuigkeiten« ein paar ungewohnt nette Worte standen.

Abends den Film »Der Schrei« von Michelangelo Antonioni gesehen, ein frühes Roadmovie von 1957. Viel Elend und tiefere Bedeutung. Da konnte man wieder sehen, wie der Kapitalismus die Menschen quält. Ich hätte nie geglaubt, daß man in Italien so viele graue, neblige, trostlose Drehtage zusammenbringen kann. Der Held stürzt sich am Ende vom Turm einer Zuckerfabrik, und man ist es zufrieden.

Di 30.9.97

Zum ersten Mal seit Wochen graues Nieselwetter. Neuerdings weckt mich jeden Morgen eine Groß-Töle. Ich hoffe, daß es der Nachtwächter von der Baustelle ist, der den eintreffenden Maurern die Wachsamkeit seines Hundes demonstrieren will. Dazu der Lärm, den der Neubau ohnehin macht. Erstaunlich, wie viel noch gesägt, gehackt, hingeschmissen wird auf einer Baustelle.

Gestern und vorgestern Nacht habe ich alle Funkspots für die SEA überarbeitet. Es fehlen künstlerische Ideen. Ich empfinde sie als altbackene, gutbürgerliche Reklame-Spots, die zu viele Fakten transportieren müssen. Bleibt wenig für den Schauspieler. Will sehen, was sie von meinen Vorschlägen verwenden können.

Der Monteur hat mich in alle Geheimnisse der Heizung eingeweiht. War sehr nützlich.

14.00 Uhr bis 18.00 Uhr Termin im »Studio Funk« in der Skalitzer Straße, wo ich den Herrn von der SEA und den Texter traf. Umgänglicher Mann. Es dauerte eine Stunde, und wir hatten aus den beiden Fassungen, aus der »Kür« und der »Pflicht«, eine bessere verschmolzen. Sechs Funkspots sind in ungefähr dreißig verschiedenen Aufnahmen entstanden. Ich habe nach dem Schlaganfall deutlich Probleme mit dem Sprechen.

Mi 1.10.97

Wollte mal wieder zum Augenarzt, aber mittwochs ist geschlossen. Also fuhr ich zur Wilmersdorfer Straße, meine neue Brille abzuholen.

Ich spazierte über den Stuttgarter Platz, mir einmal die Billigläden ansehen, von denen ich gehört hatte. Bis in die Kantstraße alles in russischer Hand. Die Schaufenster sehen aus wie einst in Moskau. Billig nachgeahmte Kaffeemaschinen, Radios usw.

Frei 3.10.97

Heute habe ich die erste Autofahrt nach dem Schlaganfall gewagt. Mit Otti zum ersten Mal auf den Flohmarkt gefahren. Einen elektrischen Rasierer von IKA aus Suhl (dreißiger Jahre?) und anderen Kleinkram gekauft.

Eine Videokassette von Fanny als Fernsehmoderatorin gesehen. Sie hat auf dem »Offenen Kanal« während der Funkausstellung unentgeltlich zwei Männer befragt, die in einem Dorf jenseits der Grenze etwas für die polnisch-deutschen Beziehungen tun wollen. Fanny erstmals im Fernsehen. Dafür war sie recht gut.

Sa 4.10.97

Habe Otti zum Flugplatz Tegel gefahren. Sie machte, ehe ich mich versah, den Kofferraum auf, um ihr Gepäck darin zu verstauen. Dabei erblickte sie den Kindersitz. Ohne mit der Wimper zu zucken, legte sie den Koffer daneben, und die Fahrt ging los. Otti kann Haltung zeigen.

Am Abend auf B1 im »Gernsehabend« eine stundenlange Sendung über Helmut Kohl. Eine halbe Stunde des Films wurde versehentlich wiederholt. Eine Riesen-Kohlroulade.

Den Briefbombentüftler in Österreich haben sie erwischt. Ihm wurden beide Hände abgerissen, als gestern bei einer Autokontrolle eine seiner Rohrbomben hochging. Der Vermessungstechniker Franz Fuchs ist 48 Jahre alt und stammt aus Gralla in der Steiermark. Er hat vier Menschen umgebracht und fünfzehn verstümmelt. Der einst anderleuts Hände fliegen ließ, mußte jetzo die seinigen fliegen lassen.

Der neue amerikanische Astronaut hat den beiden russischen Kosmonauten auf der Raumstation MIR einen Computer mitgebracht, der funktioniert, und, zusammen mit einem der Russen, hat er endlich das Loch im SPEKTR-MODUL entdeckt. Er hat auch einen Korken mitgebracht, um es gelegentlich zu stopfen.

So 5.10.97

Heute mit Marlene und Petra den Opa Rudi und die Oma besucht. Opa war sehr aufgeräumt. Er hatte drei Tage im Krankenhaus gelegen, um eine Laseroperation gegen den Grünen Star zu überstehen. Er ist zufrieden und will das andere Auge auch noch machen lassen. Es gab einen Zwischenfall, er ist aus einem der schmalen Krankenhausbetten gefallen und kann froh sein, daß sein Becken das überlebt hat.

Marlene wußte, daß der Opa »Opa Rudolf« heißt. Das hat ihn gerührt: »Der ist ja süß, der Kleine.«

Darauf eine weitere Litanei über die günstigen Gene, das sei ja alles kein Wunder usw. Marlene war mit Oma eine halbe

Stunde zum Blumenpflücken im Garten, scheinbar ohne die Eltern zu vermissen. Die Rückfahrt bin ich gefahren, wir hatten viel Spaß, der Kleinen all die Ampeln, Lampen, beleuchteten Pfeile und glimmenden Geschwindigkeitsschilder zu erklären. Sie zählte alle Tunnel und Brücken, die Fahrt dauerte scheinbar nur wenige Minuten.

Gestern vor vierzig Jahren haben die Russen den Sputnik hochgeschossen. Ich kann kaum glauben, daß ich damals erst zwanzig Jahre alt war. Im Nachhinein komme ich mir wie gewesene vierzig vor.

Mo 6.10.97

Ich mache jetzt täglich Sport auf dem Heimfahrrad. Zuerst eine halbe Stunde, das sind sechsmal drei Minuten bergauf mit Stufe 12, dazwischen sechsmal zwei Minuten zu ebener Erde mit Stufe 6. Am Nachmittag dann noch einmal die Hälfte davon. Meine Kondition hat sich dadurch gebessert. Ich japse nicht mehr so, und die Pulsfrequenz ist schneller wieder normal.

Di 7.10.97

11.30 Uhr Treffen mit Frank Beyer und Uli Plenzdorf im Hotel Steigenberger, empfangen von Frau Heidi Steinhaus vom WDR und Herrn Norbert Sauer von der UFA. Termin bis 15.00 Uhr. Man wollte unser Drehbuch »abnehmen«. Aber es gab nicht viel daran zu meckern. Ein bißchen Unsinn von Sauer, er wollte den ganzen Ausreiseantrag im Drehbuch wiederfinden, wodurch das Buch erstens langweilig und zweitens zu lang geworden wäre. Das Buch ist auf 95 Minuten gestoppt und muß weiter gekürzt werden, weil kein Fernsehfilm länger sein darf als 88:30 Minuten (!). Nur dann paßt er den Programmgestaltern in den Kram. Der NDR (Frau Heinze) will sich überraschenderweise an den Kosten beteiligen.

Abends um 20.15 Uhr auf ARD die erste Folge der neuen Staffel »Liebling Kreuzberg«. Sie war wohl nicht besser als die alten von Jurek. Was mir aber wichtig war: sie war auch keinen Deut schlechter. Ich wollte, daß wir nicht schlechter sind als unter Masten. Das ist gelungen. Der Rhythmus war gut, die Kamera im Licht altmodisch, sonst aber gut. Reck ein bißchen blasser, als ich gedacht hatte. Und die Woytowicz wie erwartet.

Mi 8.10.97

»Liebling Kreuzberg« hatte – zusammen mit »Familie Heinz Becker« – die beste Einschaltquote in der ARD: 5,5 Millionen bei 18,4 % Marktanteil. Der Marktanteil von »Boulevard Bio« um 23.00 Uhr lag allerdings mit 20,5 (bei 2,15 Mill. Zuschauern) noch darüber.

Ich habe einen ungesunden Tag, obwohl der Blutdruck mit 140/91 sehr gut ist. Ich kann mir nichts merken und will mir nichts merken. Außer: einen Werwolf kann man nur mit einer silbernen Kugel töten.

Ein entzückendes vierjähriges Mädchen im Fernsehen hat endlich geeignetes Knochenmark und damit die Chance erhalten, seinen Blutkrebs zu besiegen. Mir schießen bei so was gleich die Tränen. Ich muß an Marlene denken. Bei jedem Kind, das hungert oder friert oder krank ist, muß ich an sie denken. Der Tod hat keinen Schrecken für mich. Ich würde mich nur ärgern, wenn er mich zu früh der Kleinen wegnehmen würde. Wie furchtbar muß das für Jurek gewesen sein, den geliebten Sohn verlassen zu müssen. Alte Väter sterben früher, aber sie lieben ihre Kinder inniger.

Do 9.10.97

Ich habe wild entschlossen meine englischen Ledersessel zum Polsterer gebracht. Er soll sie aufpolstern und die Gänsefedern entfernen. Bin gespannt.

Übrigens: Der berüchtigte Horst Wessel hat 1929 in der Großen Frankfurter Straße bei einer jungen Vermieterin gewohnt, die Wessels noch jüngere Freundin, die Exnutte Erna Jaenichen, nicht im Hause dulden wollte. Sie verpfiff Wessel an eine kleine Rotte Kommunisten, die sich darauf freute, dem Jungnazi eine proletarische Abreibung zu verpassen. Dabei verlor einer die Nerven und schoß Wessel in den Hals. Von ihm selbst stammt der Text des erfolgreichen Liedes »Die Fahne hoch«, die Melodie soll er von einem jüdischen Opernkomponisten entlehnt haben. Am 23.2.1930 stirbt Wessel im Krankenhaus. Keine Geringere als die junge Hilde Benjamin, die »Rote Hilde«, die später Justizministerin der DDR war, verteidigt die Angreifer, wobei sie sich bemüht, jede Verbindung zu den Kommunisten zu leugnen.

Sa 11.10.97

Morgens Abschied von den Mädels. Die Kleine, so süß sie ist, geht mir manchmal auf die Nerven. Sie ist ein kleiner Vulkan, nichts für einen alten Papi. Ich wollte mit beiden auf den Flohmarkt gehen, aber das hätte ich nicht ausgehalten. Ich ging später allein auf den Markt. Dort fand ich acht sehr schöne alte Bilderrahmen, um 1860, weiß aber nicht woher. Aus Deutschland sind sie nicht. Habe sie mit Gift gegen Holzwürmer behandelt.

Dann habe ich um 13.45 Uhr Ottilie, die sich sehr gefreut hat, vom Flugplatz abgeholt.

Abends allein. Heute ist auch ein Paket mit zwei alten Teppichen aus Tübingen angekommen. Sehr schön, aber eigentlich unbezahlbar.

Nur ein Sport. Bin zu schlapp.

Di 14.10.97

Auf dem Weg in die »Dunkelkammer« kam ich zufällig auf dem Savignyplatz an einem Geschäft vorbei, in dem ein Fernsehfilm gedreht wurde: Werner Masten. Waldschrat mit langem, grauem

Bart. Große Umarmung. Kurzes Gespräch darüber, daß alles noch viel schlimmer sei, die Schauspieler seien blöder geworden, die Drehbücher unbrauchbar, einfach alles. Wir hätten ja damals wenigstens noch Spaß gehabt, jetzt aber sei die Arbeit nichts als Elend. Noch ein Jahr, dann würde er sich zur Ruhe setzen, nur noch ein ausgewähltes Stück pro Jahr machen, ich solle doch mal runterkommen nach Meran auf sein Grundstück. Das glaube ich, daß er da wenig Leute hinkricht.

Mi 15.10.97

Otti und ich fliegen heute zur Buchmesse nach Frankfurt. Morgen zurück nach Berlin.

Übermorgen nach Hamburg, 2 TV-Spots drehen.

Am Samstagabend will man mich rechtzeitig zu Charly Pröbrocks Geburtstag nach Berlin schaffen.

Frankfurt Hotel »Frankfurter Hof«, abends Hotel »Hessischer Hof« zum Empfang. Hunderte Menschen – ein Graus. Gott sei Dank Sitzplatz neben Stefan und Inge Heym.

Krista Schädlich war da, dann Eva-Maria Hagen, die ein Buch über ihre Jahre mit Wolf Biermann herausbringt. Leonore Wienstrath war da, sie wird auch dieses Buch ausstatten. Dann das Ehepaar Krone-Schmalz, Herr Prof. Dr. h. c. Dietrich Oppenberg, mehrere Chefs aus dem neuen, aus »ECON« und »List« verschmolzenen Verlag, der bald nach München umsiedeln wird. Natürlich sprachen alle gut über »Beckers Neuigkeiten«, schon sind 14.000 Stück angeblich verkauft. Selbst die schlimmsten Zeitungen wie »BZ« und »Super-Illu« wissen Gutes über das Buch zu berichten.

Do 16.10.97

Am nächsten Morgen beim Frühstück Egon Bahr mit seiner sehr sympathischen und hübschen Frau getroffen und den »Wahnsinnsmacker« Walter Kempowski, alle drei die vielleicht nettesten

Leute auf diesem Trip. Kempowski hat wieder eine Idee: er hat, wie immer, ein Büchlein bei sich, mit einem Gummi drum rum, da nötigt er Prominente, ihr Selbstportrait zu malen. Der Schauspieler Tappert, der den Kommissar Derrick all die Jahre gespielt hat und jetzt damit aufhören will, war schon drin in dem Buch. Der hat sich mit seiner Toupetsturzlocke von der Seite abgebildet.

Vormittags Abflug nach Berlin. Der Baukran gegenüber ist weg, das Dach halb gedeckt.

Mit Otto Meissner telefoniert: wir hatten am Dienstag, 11.10., eine noch höhere Einschaltquote, nämlich 6,65 Mio. bei 21,5 % Marktanteil. Na, bitte. Er begeistert, sagt, wir hätten mit unserem »dialoglastigen« Werk immerhin gegen schwere Actionfilme auf RTL antreten müssen. (Wer will denn so was noch sehen?)

Am nächsten Dienstag wird »Liebling« wegen Fußball ausfallen.

Habe mit der schwarzen Tinte schwarze Kringel gemalt, mit einer angespitzten Holzfeder.

Frei 17.10.97

In der »Berliner Zeitung« sehe ich über dem Bruch ein Foto, das ein kleines verhungertes Kind aus dem Sudan zeigt. Da kommen mir die Tränen.

Das Büro mußte ich mehrmals anrufen, um durchzusetzen, daß ich erst um 9.00 Uhr fliege und nicht schon zwei Stunden früher. Ich kam also in Hamburg im Hotel »Marriott« an, und alle saßen da.

Wie mir schien erwartungsvoll. Die Spots waren aber so schlecht, daß man sie hätte wegschmeißen müssen. Es waren reine Presenter-Spots, also ich soll die Waren der Telekom anpreisen. Ich hatte keine Lust, denen das nochmal zu erklären und sagte, die Spots seien nicht ganz das, was ich mir wünschte, aber wir sollten sie ruhig machen. Da staunten die drei, daß

Krug keine Einwände hatte. Es war aber eigentlich so, daß ich zu schwach war. Man braucht mich nicht mehr für spezielle Aufgaben wie etwa den Börsengang. Man mißbraucht mich jetzt und »verschwendet« mich für alle Gelegenheiten. Ich spüre, daß ich ein auslaufendes Modell bin bei der Telekom.

Dann hatte ich bis zum Abend Zeit, um mich zu schminken und anzuziehen für eine nächtliche Taxifahrt, während der ich ein Handy mit Mobilfunk-Karte anzupreisen hatte. Der Regisseur ließ mich den gesamten Spot ein dutzendmal durchspielen, bis ich aus dem Taxi ausstieg und sagte, es sei genug, ich möchte jetzt zurück ins Hotel, eigentlich sei ich noch krankgeschrieben. Nachts um eins war ich damit fertig.

Sa 18.10.1997

Julius Hackethal ist gestern gestorben. Er war 75. Erst vor einigen Wochen hatte er mir einen Brief geschickt. Er schrieb, daß ihm in meinem »Spiegel«-Interview die Antworten besonders gefallen hätten, die sich auf das Sterben bezogen. Ich hatte ihn nicht recht verstanden, dachte, es würde ihn dieses Thema vor allem wegen der Sterbehilfe interessieren, die er geleistet hat und deretwegen er so oft angegriffen worden ist. Nein. Diesmal war er mit seinem eigenen Tod beschäftigt.

So oft ich Hackethal in Talk Shows gesehen habe, immer hat er mir imponiert, immer habe ich ihn gern gehabt.

Morgens 9.00 Uhr Maske und Garderobe. Wir drehen im Hotel »Reichshof« hinter dem Hamburger Bahnhof. Es ist derselbe Spot noch einmal. Der Text ist so doof, daß ich jedes Wort ablesen muß. »Es gibt Mobilfunkkarten, die kann man aufladen und abtelefonieren und wieder aufladen. Hallo? Hallo? Geht nicht. Sehen Sie, deshalb gibt es bei TDI ein Angebot, da ist das Handy gleich mit drin ... Im kompletten Paket. An der Nuß werden die anderen zu knacken haben.«

Es ist alles sehr traurig. Nur der hübsche kleine Hintern von der Maskenbildnerin heitert meine Seele ein bißchen auf. Um 13.00 Uhr bin ich fertig und fahre zum Flugplatz. Erst um 16.10 Uhr wird ein Flugzeug nach Berlin fliegen, und das wird eine Stunde Verspätung haben, und kein Mensch wird uns sagen, warum, und von denen soll man Aktien kaufen?

Bin nach 18.00 Uhr zu Hause. Dort wird die Riesenflasche Wöff Klickoh für Charly Pröbrocks 60. Geburtstag eingepackt, dazu noch ein Satz Gewürze von »Spice Islands«, und ab geht's. Auf dem Fest sind viele Leute, die ich nicht oder wenig kenne. Die Musik ist laut, und immer wieder »Ein Bett im Kornfeld« und so weiter, die Weiber tanzen und kreischen. Aber auch an den anderen Gästen finde ich nichts. Wie soll das alles enden? Um halb elf stehle ich mich unter dem Frische-Luft-Vorwand in den Garten und fahre nach Hause. Dort begegne ich drei Stunden später Otti, von der ich morgens um drei Abschied nehme.

So 19.10.97

Lange geschlafen.

Gehe mit Otti auf den Flohmarkt. Ein herrlicher Sonnentag, keine Parkplätze. Habe über die Stränge geschlagen: einen Roller der Marke »Original Wipproller« gekauft. Es ist genau der Roller, mit dem der Puddingpulverfabrikantensohn Jürgen Birkenfeld einst über die Schweizerstraße gefahren ist und uns alle fertiggemacht hat. Ich durfte nicht ein einziges Mal auf diesen Tretroller (französisch: Trottinette) steigen. Jetzt habe ich ihn endlich. Er steht genau so sinnlos in meiner Wohnung herum wie fast alles, was dort herumsteht.

Mo 20.10.97

Wenig gegessen, viel getrunken, viel geschlafen. Abends die Kinder. Marlene kackt zwar noch in die Hosen, ist aber außergewöhnlich schlau. Hat einen großen Wortschatz, an dem sie bewußt Tag für Tag arbeitet. Das Schönste für sie ist Bilderbuchlesen. Jeden Abend darf ich ihr wenigstens eine Stunde vorlesen, dafür hat sie den Papa ganz lieb.

Mi 22.10.97

Vier Funkspots unter aller Sau. Reine Presenter-Spots, wie für einen Waschmittelverkäufer. Ich arbeite daran herum, es ist ein hartes Brot.

14.00 Uhr Aufnahmetermin in einem Tonstudio in der Kurfürstenstraße. Ich habe von allen vier Spots eigene Fassungen gemacht, die er mit Kußhand genommen hat. Dadurch leichtes Arbeiten. Nach zwei Stunden fertig.

Zu Hause den Vertrag für den Film »Abgehauen« vorgefunden. Muß einen Anwalt suchen, der mir hilft, das Kauderwelsch zu verstehen. Es ist eine Schande.

Otti abends mit Regine in einem Musical. Ich hatte noch spät die Kinder zu Besuch. Habe die sehr gute ALDI-Schweinekopf-Sülze mit etwas Öl und Zwiebeln angemacht, dazu feine Bratkartoffeln aus Bamberger Hörnchen mit etwas Schinkenspeck. Famos.

Do 23.10.97

Man muß Deutschland sehr lieben, wenn man die Deutschen lieben will. Gerade die Ankündigung einer deutschen Urlaubs-Filmkomödie mit dem Ekelprollo-Darsteller Tom Gerhardt gesehen. »Ballermann 6«. Großer Erfolg in den Kinos. Echt würg, eh.

Frei 24.10.97

Mit Otti bei ALDI eingekauft. Noch einmal die Vollmilch-Schokolade mit ganzen Nüssen von Waldbaur für 100 Gramm 79 Pfennig und die herrliche Schweinskopfsülze, 400 Gramm, von DREISTERN, haltbar mindestens bis zum 25.9.2000, für einsfünfzig, wozu man nur noch Bratkartoffen zu essen braucht, und zwar die wunderbaren Bamberger Hörnchen. Ich habe das Gefühl, wenn ich noch lange genug lebe, werde ich mich daran mit Wehmut erinnern …

Mo 27.10.97

Abends von 19.00 bis 21.00 ist Charly Brauer zu Besuch. Wir haben uns seit dem Schlaganfall nicht mehr gesehen. Er hat in Essen den Professor Higgins[13] gespielt. Er will wissen, wie es weitergeht. Ich weiß es nicht. Er sagt, die Hamburger träumen davon, daß ich im nächsten Jahr vier »Tatorte« spiele. Das glaubt er nicht, sagt er. Ich glaube es auch nicht. Ich glaube es vor allem deshalb nicht, weil außer »Kulleraugen«[14] bis jetzt kein einziges Drehbuch da ist. Beim »Tatort« haben sie schwer nachgelassen.

Frank Beyer ist schon eine Nervensäge. Ich werde froh sein, wenn seine Arbeit an dem Film endlich beginnt, sonst fallen ihm noch tausend Gründe ein, mich in irgendeiner Form zu triezen. Jetzt ist ihm eingefallen, den Schauspieler Peter Lohmeyer in meine Wohnung zu lotsen. Ich soll ihm erzählen, wie das damals in der DDR (!) gewesen ist. Abends um 19.00 Uhr sind sie anmarschiert und bis nach 23.00 geblieben. Beyer hat dem Lohmeyer die Geschichte der DDR erklärt, ich habe versucht, ihm den Menschen allgemein zu erklären. Das wird ihm als Schauspieler hoffentlich mehr nützen.

Ich habe ihnen schließlich »Die Katze« und »Romanze« vorgelesen, da hatten sie dann wohl genug.

Sa 1.11.1997

Mit Otti auf dem Flohmarkt. Nichts als eine alte große Glasscheibe gefunden, die man einmal für eine Grafik gebrauchen kann.

---

13 Im Musical »My Fair Lady«.

14 Die »Tatort«-Folge wurde später umbenannt zu »Arme Püppi«.

Habe heute eine Rundfunksendung als Mitschnitt gehört, die zur Buchmesse im Deutschlandradio gelaufen ist. Redaktion Heike Schneider. Es ging um »Jurek Beckers Neuigkeiten«, die von ihr ganz liebevoll in breit sächsischem Tonfall besprochen worden sind. Ottilie hat einige Karten und einige meiner Zwischentexte sehr schön gelesen. Der Schauspieler Jörg Gudzuhn hat einige Karten von Jurek brillant vorgetragen. Er hat alles vollkommen richtig verstanden, war klein im Ausdruck, intelligent, ironisch – schön. Intelligente Schauspieler sind das Rarste, was es gibt auf der Welt.

So 2.11.97

Wie jeden Tag eine gute halbe Stunde Rad gefahren. Dann mit Otti Flohmarkt. Ein bißchen originellen Weihnachtsschmuck aus der Jahrhundertwende gekauft, einen archaischen hohen Bräter aus Eisenguß mit Deckel, für Kohlrouladen, Ochsenschwänze und ähnliches Bratgut. In einem solchen Topf kann jeder kochen, die Leute wissen es bloß nicht mehr. Und ein oval gerahmtes Foto von 1875: Im Freien sitzen zwei Schneider auf einem hohen Schneidertisch im Schneidersitz und nähen. Davor sitzen zwei Schuster auf ihren niedrigen Hokkern vor ihrem niedrigen Tischchen und schwingen die Hämmer. Hinter der Gruppe an der Wand steht ein Feldwebel in Ausgehuniform und raucht eine Zigarre.

Abends kein Besuch. Mit Otti den letzten »Tatort« gesehen, den wir noch auf Halde hatten: »Undercover Camping«. Mir ist nichts Schlechtes aufgefallen, aber auch nichts besonders Gutes. Ich kann die schlechteren Kriminalfilme kaum noch von besseren unterscheiden, dazu sind sie insgesamt zu langweilig.

Dann hat noch Charles Brauer angerufen und wollte wissen, wie's war. Er konnte den »Tatort« nicht sehen, weil er vor halb leerem Theater eine Vorstellung gespielt hat. Ich habe wahrheitsgemäß gesagt, daß ich ihn gut fand usw.

Mi 5.11.97

Abends ab 18.00 Uhr in einem Klub in der Danziger Straße mit Otti den 50. Geburtstag von Bettina Wegner gefeiert. Auf ihrem Einladungszettel stand, daß man ihn unbedingt mitbringen müsse, weil er als Eintrittskarte gelte. Sind so kleine Zettel.[15] Haben ihr »Beckers Neuigkeiten« geschenkt. Viele Leute waren da. Uli Plenzdorf mit Frau, Schlesinger mit Frau (Ziehtochter von Kurt Bartsch), Moeses (Maria Moese hat wieder versucht, mir bei einer vorgetäuschten Umarmung den Nacken zu brechen). Wichtigtuer Gaus, der mich löchert, in seine Wichtigtuer-Talk-Show zu kommen, Sellhorn u. v. a. Das rührendste, aber dämlichste Zeug hat Martin Stade erzählt, der mir klarmachen wollte, daß es ein Leben nach dem Tode gibt. Das hat dem Uli Plenzdorf ganz gut gefallen, weil es ihm in den Kram gepaßt hat. Ich glaube, Plenzdorf wird nicht gerne sterben. Ich hab dem Stade gesagt, er soll mir das aufschreiben, ich möchte es näher studieren. Das hat er versprochen.

Es gab ein kleines Programm. Unter anderen hat der Sohn von Werner Sellhorn (er nennt sich Karsten Troyke, macht ein bißchen auf neckisch) russische Zigeunerlieder zu Klavierbegleitung und etwas Komisches von Kreisler gesungen. Er ist Sellhorn wie aus dem Gesicht geschnitten und stammt von einer Großmutter ab, die Isot Kilian hieß und die mich, als ich neunzehn Jahre alt und Kleindarsteller am Berliner Ensemble war, gebeten hat, sie nicht immer nachts anzurufen. Ich hatte sie nie angerufen. Ich war ein armes Luder. Es dauerte noch zehn Jahre, bis ich ein Telefon bekam.

So 9.11.97

Heute wollten wir zu Schamonis Geburtstag fahren, nach Babelsberg, uns den Film »Chapeau Claque« ansehen, den ich schon

[15] Eine Anspielung auf Wegners Liedtext »Kinder« (»Sind so kleine Hände«).

kenne. Ich wollte plötzlich nicht mitfahren. Otti fuhr mit den Benders allein. Es war so, wie ich gefürchtet hatte. Der Film lief. Schlöndorff hielt eine Rede, die Ziegler erzählte, wie schwer die Zeiten in den siebziger Jahren waren. Dann gingen alle zum gesponserten Brunch, Canapes reinschieben und mit Champagner nachspülen. Lauter Ossis und Wessis waren da, von Kohlhaase über Bott und Pohl und Menge und Pröbrock und v. Lojewski und die ganze Bande von FDP-Fuzzis, die immer bei Schamonis rumsaßen.

Ich fuhr auf den Flohmarkt am Fehrbelliner Platz und fand 40 Schellackplatten aus den vierziger Jahren, mit allen möglichen Geräuschen drauf, die man nach dem Krieg zum Einmischen für Features und Hörspiele des Senders »Voice Of America« brauchte. Unwiederbringliche alte Geräusche vom Dampfhammer bis zum Babygeschrei. Sehr interessant. Alles für 120 Mark. Was werden meine Kinder damit machen?

120.000 Menschen sind inzwischen in Algerien massakriert worden, und die Fernseh-Berichterstatter tun noch immer so, als wüßte man nicht recht, wer die Mörder sind. Es sind religiöse Idioten, die sich einbilden, daß sie »Abtrünnige« und »Huren« umbringen, also wertvolle Menschen, die immerhin so weit sind, das eine oder andere Gebet aus dem täglichen Fünferpack auszulassen.

Abends lief »Schimanski« mit Götz George. Sie haben es aus dem »Tatort« herausgelöst und noch ein paar Mark mehr für Action-Szenen zugelegt.

Di 11.11.97

Otti hat zur Feier des Tages eine der schönsten französischen Flugenten gebraten. Aber das denke ich ja jedesmal.

Abends »Liebling Kreuzberg« Nr. 4 gesehen. Für mich bisher die gelungenste Folge. Später auf MDR einen elenden Film des

DDR-Fernsehens von 1980 betrachtet: »Puppen für die Nacht«, eine angebliche Gaunerkomödie aus fernen kapitalistischen Landen, ein »Olsen-Banden«-Verschnitt. Regie: eine gewisse Christa Mühl. Anwesend war fast alles, was drüben geblieben war. Dieter Franke, Micaela Kreißler, Erik S. Klein, Jaecki Schwarz, Helga Göring, Ursula Karusseit, Wolfgang Greese usw. Uwe-Jens Pape in einer sehr kleinen Rolle hat mir als einziger gefallen, er war leider nur von hinten zu sehen. Nervtötend aus dem Off der Jubelreporter »Schwanz Florian Härtel«.

»Revue um Mitternacht« war noch längst nicht der schlechteste Film …

Mi 12.11.97

Es waren nur 5,13 Mill. Zuschauer gestern Abend, bei 15,3 % Marktanteil. Habe sofort Otto Meissner angerufen, wie er dazu komme, eine derart schlechte Quote abzuliefern.

»Die Quote war vorzüglich! Wir mußten das Fußballspiel Dortmund gegen Bayern München auf SAT.1 überstehen! Wir waren besser als die Tagesschau! Alle beglückwünschen mich, und du meckerst!«

Um 16.00 Uhr kommen Charly Schöps und Frau Kerstin Ramcke. Sie wollen wissen, wie es weitergeht. Ich sage, daß ich erst sehen will, wie ich den ersten »Tatort« überstehe.

Frei 14.11.97

Mit Otti in der großen Küche gefrühstückt. Später aus der Gemüsekiste Tomatensuppe, Apfelstückchen mit Zimt und Blumenkohl gekocht. Nachmittags viel geschlafen. Ich schlafe mehr als je zuvor in meinem Leben.

Abends einen aufregenden Film über den »Unabomber« gesehen, einen studierten Mathematiker und Weltverbesserer, der seit achtzehn Jahren das FBI narrt und gegen die Industriegesellschaft ankämpft, indem er deren vermeintliche Repräsentanten mittels handgefertigter Paketbomben umbringt. Man hat ihn Unabomber (»university and airline bomber«) genannt, weil seine ersten Bomben Universitätsprofessoren oder Fluggesellschaften zum Ziel hatten. Er bestand darauf, daß ein von ihm verfaßtes, seine Weltanschauung erläuterndes Manuskript in großen Tageszeitungen abgedruckt wurde, worauf man sich einließ. An diesem Text wurde er prompt von seinem Bruder erkannt, und man konnte ihn festnehmen. Er wurde als Ted Kaczynski 1942 in Chicago geboren und lebte seit Jahren in der Wildnis von Montana, im Einklang mit der Natur.

Nur gelegentlich verließ er kurz seine armselige Hütte, um irgendwo eine unscheinbare Papiertüte oder ein Päckchen abzustellen. Er wollte seine Taten als Auflehnung, als »explosive Ausrufungszeichen« verstanden wissen. Er sah nur eine Chance für das Überleben der Menschheit: die Abschaffung der Industriegesellschaft. Guter Mann. Aber mit den paar Toten konnte er nicht weit kommen … Und warum überhaupt die Wahnidee, etwas für das Überleben der Menschheit zu tun? Warum? Etwa, weil sie es verdient hätte? Wahrscheinlich war er doch nur eitel. Ein Wichtigtuer der gehobenen Art. In den nächsten Tagen beginnt der Prozeß gegen ihn.

In jeder Stunde, die der Mensch auf dieser Erde wütet, bringt er sechs Arten um.

Sa 15.11.97

Von hundert Gefängnisinsassen in Deutschland sind nur fünf weiblichen Geschlechts. Steigende Tendenz. Aber man erkennt das Prinzip: Frauen haben andere Sorgen.

So 16.11.97

Wollte mit Otti auf den Flohmarkt fahren. Der fiel aus wegen des Volkstrauertages. Wen betrauert das Volk an dem Tag? Nicht meine Oma und nicht meine Mami. Da brauch ich das Volk nicht, ich trauere den beiden schon allein nach. Das Volk betrauert die Krieger, die für es gefallen sind. Und vielleicht die Juden, die für es vergast worden sind. Und die Zigeuner und die Schwulen und die Kommunisten, die es losgeworden ist, das Volk. Da machen wir keine Flohmarktgeschäftchen. Dieser Tag ist uns zu heilig.

Ich habe es schon gewußt und hundertmal wieder vergessen: Im Krieg sind 55 Mill. Menschen getötet worden. Es gab allein fünf Mill. russische Gefangene, von denen nur zwei Mill. überlebten.

Abends auf Arte die Dokumentation »Elizabeth Taylor – Leidenschaft fürs Leben«. In der haben die Amerikaner im Februar Liz Taylor zum 65. Geburtstag gratuliert, und wirklich, nichts können sie besser. Wieder waren alle da, von Jackson bis Madonna. Rod Stewart war vielleicht der Anrührendste. Alle haben ihr für ihre Aidsstiftung gedankt. Man könnte schwankend werden. Aber was wollen wir von der Erde übrig lassen, wenn wir nicht weniger werden? Aids ist ein Tropfen auf den heißen Stein, aber es ist ein achtbarer Versuch der Natur. Sie muß sich beeilen, sonst sind wir ihr eines Tages vollends über.

Am Schluß hat die Taylor ihre Familie auf die Bühne geholt, ihren vollbärtigen Bruder und drei Dutzend Kinder und Enkel.

Mo 17.11.97

Frank Beyer war um 11.00 Uhr pünktlich da, um Streichungen, die Plenzdorf in dem Drehbuch »Abgehauen« vorgeschlagen hat, mit mir abzusprechen. Ich habe mich kaum gesträubt, weil ja beschlossene Sache ist, daß die Sender genau 90 Minuten haben wollen und keine Minute mehr. Sie können dann das Programm in gefällige Häppchen einteilen.

Beyer läuft jetzt seit Wochen herum und sammelt allerlei Gewißheiten. Es ist, als müsse er jeweils vor der nächsten Filmgeburt seine Tragzeit einhalten. Er hört genau hin, wenn ich eine Textpassage rasch dahinlese. Er kann mit allem was anfangen.

Liza hat sich indessen mit ihrem kleinen Finger an das Entstauben der Bücher gemacht und hatte mittags ein Fach fertig. Ich mußte eingreifen und ihr zeigen, daß man jedes Fach erst ausräumt, feucht wischt, dann die Bücher entstaubt, dann die Lederrücken fettet, dann das inzwischen trockene Fach mit Möbelpolitur fettet und schließlich die Bücher in der richtigen Reihenfolge wieder einräumt. Und das geht alles an einem Tag.

Di 18.11.97

Meinen eichenen Tisch mit Antikwachs ganz und gar eingeschmiert und mit einem alten Wollpullover zum Glänzen gebracht. Neue alte Tischdecke vom Flohmarkt aufgelegt und das Faxgerät wieder draufgestellt. Sieht schön aus. Wurde Zeit. Die Bretter waren ganz trocken.

Abends in »Boulevard Bio« Finanzminister Theo Waigel, der natürlich ein im Grunde netter Mensch ist. Und die Schauspielerin Hannelore Hoger, die natürlich ein ebenso netter Mensch ist. Und der »Bellheim«-Regisseur Wedel, der ein netter, aber auch ein strenger Mensch ist. Er kann es nicht leiden, »wenn Schauspieler sich nicht an die Verabredungen halten«. Bei dem könnte ich also nicht spielen. Er kann es nicht leiden, »wenn Schauspieler ihren Text nicht können«. Bei dem hätte ich nichts zu suchen. Er meint, »wir sollten uns hüten, etwas zu machen, was wir schon gemacht haben«. Der Angeber. Was sollte ich denn dann machen. Er sagt, er sei ein von seinen Eltern vergöttertes Einzelkind gewesen. Da schau her.

Zwischendurch eine Entdeckung gemacht: gestern Abend um 23.10 Uhr war als Wiederholung der Tatort »Tod eines Polizisten« von 1993/94 gelaufen. Wir hatten den mit Abstand höchsten Marktanteil der ARD über den ganzen Tag gerechnet: 30,1 % bei immerhin noch 2,61 Mill. Zuschauern. Das ist was.

Mi 19.11.97

Nur gute Nachrichten. Gestern Abend gab es für die 5. Folge von »Liebling Kreuzberg« mit dem Titel »Der Bauch des Richters« sage und schreibe 6,69 Millionen Zuschauer bei 20,6 % Marktanteil, das war die höchste Millionenzahl des Tages in beiden Programmen.

War mit Otti beim Rahmenmacher, der mir für eine kleine Reparatur 580 Mark abgeknöpft hat. Unglaublich. Dann habe ich mir bei BETEX für 200 Mark einen Schal gekauft. Den von Jurek hatte ich leider verloren. Dann bei BAUHAUS allerlei Möbelpolitur und Holzbeize gekauft. Dann die untere abgeschabte Leiste von der Schrankwand drüben gebeizt und gefettet.

Habe einen gepfefferten Brief an die UFA gefaxt. Die Kerle sind Gangster. Ich bin bereit, das ganze Ding platzen zu lassen. Die müssen den Film nicht drehen. Eine weitere Korrespondenz lehne ich ab.

Do 20.11.97

Früh um halb zehn mit dem Justiziar der UFA telefoniert. Viele Mißverständnisse, sagt er, und zwar deshalb, weil der Vertragsanwalt vom Filmgeschäft nichts verstehe. Das halte ich für wahrscheinlich. Aber die Sache hat sich trotzdem gelohnt.

Die unentgeltliche Wiederholungsmöglichkeit, noch nach sieben Tagen, die der Sender sich wünscht, ist eine Unverschämtheit. Wenn sie nicht rausfliegt, lasse ich das ganze Ding scheitern. Und jetzt wird auch klarer formuliert, daß ich die Verfilmungsrechte, falls sie gewollt werden, zuerst der UFA anzubieten habe, daß sie aber gesondert bezahlt werden müssen. Die Kuh ist noch nicht vom Eis. Am Telefon ist der Justiziar sehr angenehm. Er räumt zum Beispiel ein, daß ich wahrscheinlich ein ehrlicher Mensch sei. Das könne er aber von seinen Vertragspartnern immer seltener sagen, das Filmgeschäft sei nicht mehr, wie früher, eine Verabredung unter Freunden. Die Interessen stießen immer härter aufeinander, er müsse auf der Hut sein. Die Sieben-Tage-Wiederholungsregelung, die der WDR verlange, halte er selbst für unverschämt.

Beim Telefonieren, vor allem wenn ich erregt bin, habe ich noch immer auffällige Wortfindungsschwierigkeiten. Das wird wohl so bleiben, bis zu meinem Ende.

Frei 21.11.97

Die Dritten Programme zahlen noch immer Wiederholungshonorare aus den guten alten Zeiten, als sie nur in den jeweiligen Sendegebieten zu empfangen waren. Mittlerweile sind sie aber durch den Anschluß ans Kabelnetz überall zu empfangen. Um die Inflationierung von Schauspielern auf die Spitze zu treiben, hängen sich die Dritten Programme mit alten »Tatort«-Wiederholungen in frisch gesendete Serien hinein, zum Beispiel wiederholen sie gerade jetzt dauernd »Tatorte« von Götz George, weil sie sich an die neuen »Schimanski«-Filme dranhängen wollen. Und von mir wiederholen sie alte »Tatorte«, weil sie es für eine Geschicklichkeit halten, sich in die neuen »Liebling«-Filme reinzuhängen. Die Programmgestalter sind kurzsichtige Dummköpfe.

Durch Zufall entdecke ich, daß gestern, am 20.11., um 20.15 Uhr, im WDR der Tatort »Tod eines Mädchens« von 1991 wiederholt worden ist. Er erreichte die höchste Tagesquote des WDR mit einem Marktanteil von 16,8 bei 1,12 Mill. Zuschauern. Einem solchen Sender soll ich das Recht einräumen, künftig innerhalb von sieben Tagen unentgeltlich den vielleicht entstehenden Film »Abgehauen« zu wiederholen? Den Leuten, die ohnehin keine korrekten Wiederholungshonorare mehr bezahlen? Keinen Schauspieler kann man mit seinem Film so sehr identifizieren wie mich, kein Schauspieler »gehört« so eng in seinen Film wie ich. Keiner prägt durch Text, Rhythmus, Auflösung und oftmals harte Arbeit gegen den Regisseur seine Filme so wie ich. Mir steht das Wiederholungshonorar zu.

Der Mann von der Werbeagentur hat mich für ein paar Stunden besucht und mit mir einige TV-Spots entwickelt. Er war extra aus Düsseldorf gekommen, um mir zu sagen, daß die Telekom mich für ein weiteres Jahr als Werbepartner engagieren möchte. Soll mir recht sein. Ende 1998 bin ich nur noch drei Jahre von der Rente entfernt.

So 23.11.97

Mit Otti auf dem Flohmarkt 17. Juni. Dort Helge Braune und Frau Edith getroffen und geherzt und mit ihm einig geworden, daß die Politiker im Westen ebenso große Gangster seien wie die im Osten. Einziger Unterschied: sie arbeiten »legal«. Er hat erzählt, daß er jetzt sechzig geworden sei und damit in die Rente eintreten könne, die durch die verschlafenen, verlogenen Politiker so geschmälert worden sei.

Auf dem Flohmarkt habe ich etwas Merkwürdiges gekauft, nämlich circa siebzig Packungen vom feinsten Geigenkolophonium aus bestem deutschen Tannenharz. Alles Original-Schächtelchen der verschiedensten Hersteller. Mit dem Zeug kann man das Roßhaar von Geigen- und Cellobögen stumpf machen, damit es die Saiten schön anreißt und streicht. Eine seltene Sammlung.

Am Nachmittag Fahrt mit den Kindern zum Opa Rudolf.

Abends gab es einen kuriosen Zwischenfall. Marlene hat mehrmals erbrochen, einmal im Auto auf der Fahrt zum Opa Rudolf, und später, nachdem Petra ihr zu viele Nudeln gefüttert hatte, bei mir in der Küche noch mal. Die ganze Zeit über blieb sie gut gelaunt. Sie hat erbrochen, zwei Minuten geweint, und dann war sie wieder guter Dinge. Sie ist hart im Nehmen. Endlich lag sie abends um kurz vor neun im Arm ihrer Mutter und nahm noch einen Schluck aus der Brust. Das heißt bei ihr »Lucki«.

Im Fernsehen lief eine Sendung auf N 3: »Die Nazis«. Da gibt es eine Stelle, wo Adolf Hitler seine Zuhörer anbrüllt: »Wir wollen nicht lügen, und wir wollen nicht schwindeln ...« Die kleine Marlene klettert vom Schoß ihrer Mutter herunter, stellt sich vor den Fernseher und sagt: »Ein Clown!«

Marlene ist ein kleines Genie. Das Wort »Clown« kennt sie schon lange aus dem Fernsehen, aus Kinderbüchern und aus dem Zirkus. Sie hat es in frühester Kindheit verstanden. Das ist es.

Mo 24.11.97

Der »Spiegel« berichtet, französische Historiker hätten herausgefunden, der Kommunismus habe in achtzig Jahren weltweit dafür gesorgt, daß hundert Millionen Menschen eines unnatürlichen Todes gestorben seien. Läßt sich das Klassenmorden im Sowjetreich, in China, Kambodscha und sonst wo mit dem Holocaust vergleichen? Der Holocaust war Rassenmord, das andere war Klassenmord. In den Auswirkungen ist es dasselbe.

Di 25.11.97

Ich bin krank. Konnte nichts essen, außer ein paar Kastanien, die ich auf dem Gasherd geröstet habe.

Vor dem Umkippen am Abend einen Film von und über den Straßburger Tomi Ungerer gesehen. Der Mann ist ein Genie. Unglaublich fleißig. Wenn ich je so fleißig gewesen wäre, hätte ich vielleicht auch eine Chance gehabt, ein Genie zu werden.

Mi 26.11.97

Habe wegen Krankheit circa elf Stunden geschlafen. Was für eine Krankheit es ist, weiß ich nicht. Allgemeines Unwohlsein.

Frank Beyer war mit Peter Lohmeyer mal wieder zu Besuch. Beyer jammerte wie üblich, weil noch eine Viertelmillion der Produktionskosten fehlt. Ich höre solche Sachen nicht gern. Wenn sie kein Geld haben, sollen sie es nicht machen. Lohmeyer hatte aus Hamburg einen UHER 4400 Report S mitgebracht. Eine Rarität. Er hatte das Gerät von seinem Bandoneonlehrer

(!) geliehen. Der will es für 1000 verkaufen; wenn ich es für 800 kriege, nehm ich's.

Wir haben dann gemeinsam etwa anderthalb Stunden den »Mitschnitt« angehört, der technisch erstaunlich gut war. Es war schön, Jurek in seinem heiligen Zorn noch einmal zu hören. Beyer und Lohmeyer lasen Seite für Seite die Tonbandaufnahme im Buch mit und waren wohl verblüfft, wie exakt der Text wiedergegeben ist. Lohmeyer stellte noch ein Dutzend Wessifragen, dann kam die Kostümbildnerin, mit der ich schon »Rosamunde« gemacht hatte, und dann hatte ich es hinter mir.

Do 27.11.97

Heute Besuch von Krista Maria Schädlich, die schon um 13.00 Uhr kam. Sie stimmte mich schon ein bißchen auf das Erscheinen des neuen Chefs von ECON & List ein, der für die Fusion des Verlages gesorgt hat. Eine Stunde später kam er, ein leiser, angenehmer, mittelgroßer, blonder Mensch. Er ist 1945 in Danzig unehelich geboren, seine Mutter war Buchhändlerin. Im Verlauf des Gesprächs versicherte er mich seiner Wertschätzung und sagte, daß der ECON Verlag eigentlich nur wegen des Erfolgs von »Abgehauen« überlebt habe. Ich habe gesagt, daß ich weniger des Geldes wegen schreiben würde, eher zu meinem Vergnügen. Nein, einen Vertrag oder Vorvertrag wolle ich nicht unterschreiben. Gut, dann würde er trotzdem, sozusagen zum Ansporn oder zur Ermahnung, mir einen Vertrag zusenden, den ich nicht unterschreiben müsse. Auch wenn ich sonst andere Honorare erzielen würde, er könne mir versprechen, daß es ein solches Angebot vom ECON Verlag an einen Autor noch nie gegeben habe.

Ich werde versuchen, meine Memoiren, was immer das ist, zu schreiben. Und ich werde versuchen, einen Band Kurzgeschichten zu schreiben, obwohl das kaum noch ein Mensch lesen will. Noch habe ich keine Ahnung, ob ich es kann und ob etwas Wertvolles dabei entstehen wird. Noch habe ich die Hoffnung, daß der Schlaganfall mich nicht dumm gemacht hat. Ich spüre aber, er hat mich wohl nur geschwächt, ich bin nicht mehr so konzentriert und so ausdauernd, und ich bin erheblich langsamer geworden. Die beiden ersten Sätze der »Memoiren« habe ich soeben hingeschrieben. Sie lauten: »Sie steht in einer Waschküche und wäscht. Sie ist meine Urmutter.« Dieser Anfang ist originell. Hoffentlich ist noch keiner darauf gekommen.

Mo 1.12.97

Schneeregen, trübe. Ich sammle mein Leben zusammen und mache einen Fahrplan ungefähr nach Jahreszahlen. Eine doofe Arbeit. Oder doch nicht doof, eher eine ganz schöne Erinnerungsarbeit.

Di 2.12.97

Marlene war mit Petra im Kindertheater. »Der verzauberte Märchenwald«, ein Kindermusical »mit drei Drachen: Eddy, Freddi und Drolly«, sagt Marlene. Sie ist offenbar erschöpft. Die Kleine schmeißt mit den Türen und ist mißgelaunt, und da ich Türenschmeißen hasse, bin ich dagegen.

Ich sage: »Petra, bring diese kleine Terroristin nach hinten in die Schlafkammer, beruhige sie. Ich halte den Krach nicht aus.«

Ich kann nur noch älter und anstrengender werden, sonst nichts. Ich weiß von meinen Eltern und Verwandten, welch ein unerträglicher kleiner Terrorist ich selber als Kind gewesen bin. Meine Eltern waren schon nicht fähig, mich zu ertragen, und sie waren jung. Ich liebe Marlenes Intelligenz und Schönheit, ihr Temperament ist mir manchmal zu stark.

Mir fällt ein: sollte ich schneller wegsterben als erhofft, und sollte sich ein Verlag finden, der diese Notizen drucken will, so wäre es gut, wenn ein ordentlicher Schreiber das Ganze ein bißchen einköcheln würde.

Do 4.12.97

Frank Beyer hat mir ein Fax geschickt, das er von dem Schauspieler Armin Mueller-Stahl auf die Frage erhalten hat, ob der was dagegen habe, wenn er mit seinem Namen in »Abgehauen« genannt wird. Ja, schreibt Mueller-Stahl, er habe was dagegen, er wolle nicht in den Film rein. Und seine Frau Gabi auch nicht. Also, »rein« kommt er sowieso, nur unter falschem Namen. Und Frank Beyer hat inzwischen auch mit der Schauspielerin Angelica Domröse telefoniert. Die wolle auch nicht »rein« in den Film, weil sie mir noch immer nicht verzeihen könne, daß ich mit der DDR-Regierung, um rauszukommen, einen »Deal«[16] gemacht hätte. Dann wird wohl auch Hilmar Thate in den Film nicht »rein« wollen. Also werden alle die Zuschauer, welche auf die Klarnamen neugierig sind, zu neuen Lesern. Das ist gut, da ist gerade mit einer Startauflage von 100.000 die Taschenbuchausgabe auf dem Markt. Wie konnte ich nur so viele Jahrzehnte lang ertragen, selbst ein Schauspieler zu sein.

Otto Meissner hat fünfzig Exemplare von »Jurek Beckers Neuigkeiten« zum Signieren geschickt. Er will sie Freunden zu Weihnachten schenken.

Frei 5.12.97

Pünktlich um 9.30 Uhr kam der Maskenbildner, den ich schon von der DEFA her kenne, der mit mir z. B. »Wege übers Land«

---

[16] Vor der Genehmigung zur Ausreise in die Bundesrepublik hatte Manfred Krug die Original-Tagebuchseiten von 1977, die 1994 als Buch »Abgehauen« erschienen, Werner Lamberz, Mitglied des Politbüros des Zentralkomitees der SED, in der DDR überlassen müssen. Um niemanden zu gefährden, hatte er mit einer Rasierklinge alle Namen von Freunden und Bekannten, die im Text vorkamen, herausgeschnitten.

gemacht hat. Ich hatte nur zwei Stunden geschlafen, war hundemüde. Dann kamen ein Kameramann mit Assi und der Regisseur Uwe Belz. Ich las für den Kinderkanal aus der Kinderbibel die zusammengestrichene Weihnachtsgeschichte. Hier in der Wohnung. Ohne Vertrag, ich hoffe, der kommt noch. Vielleicht habe ich deshalb so schlecht geschlafen, weil ich wegen meiner Konzentrationsstörungen Angst vor dem Text hatte. Ich hab's aber ganz gut geschafft.

Ich habe mir zwei Hände voll frischer Maronen auf der Gasflamme geröstet, einen schönen Frankenwein dazu getrunken, und dann gab's um 2.00 Uhr nachts auf 3sat eine Aufzeichnung vom Münchner Klaviersommer 1990, Stan Getz. Und bald darauf war er tot, schrecklich. Schrecklich. Alex Blake am Kontrabass, ein Genie. Frau Terri Lyne Carrington am Schlagzeug – wunderbar. Kenny Barron am Klavier. Ein herrliches stilles Stündchen. Ich glaube, von allen Künstlern in allen Sparten sind mir Jazzmusiker mit Abstand die liebsten. Sie sind musikalisch, witzig, echt und meistens arm.

Sa 6.12.97

Vor etwa einer Woche hatten wir abends etwas über die ETA im Fernsehen gesehen.

Ich sagte zu Petra: »... Die Herren von der ERIBATASUNA[17].

Da sagte Marlene: »Was ist das, ERIBATASUNA?« Sie konnte dieses schwierige Wort wirklich auf Anhieb glockenrein nachsprechen.

Ich sagte: »Das sind böse Menschen, die andauernd schießen.«

Heute kam in der »Tagesschau«, daß die spanische Polizei die letzten Chefs der ETA verhaftet habe.

Ich murmele vor mich hin: »Die letzten Mohikaner von der ERIBATASUNA.«

---

17 Vorläufer der baskischen Linkspartei »Batasuna«.

Da sagt Marlene: »Das sind böse Menschen, die ERIBATASUNA, die schießen.«

Und wenn das nicht die reine Wahrheit ist, will ich tot umfallen.

Marlene ist jetzt zwei Jahre und zwei Monate alt. Sie ging übrigens bei bester Laune um 12.00 Uhr nachts mit ihrer Mutter schlafen. Was soll daraus werden? Aber in Bulgarien, Italien usw. gehen alle Kinder dann schlafen, wenn sie umfallen.

So 7.12.97

Habe einen sehr sympathischen Brief von der leitenden Verlegerin des Verlags Rowohlt Berlin bekommen. Sie würden (für recht anständige Konditionen) etwas von mir drucken. Habe lieb, aber ausweichend geantwortet, da ich mich Krista Maria Schädlich verpflichtet fühle, obwohl die Konditionen von ECON-List schlechter sind als die von Rowohlt.

Anruf von Frau Lili Cicero, die ich nicht kannte. Sie hat unsere Telefonnummer im Notizbuch ihres früheren Ehemannes, Eugen Cicero, gefunden. Eugen ist tot. Einfach über Nacht in Zürich im Bett an Gehirnschlag mit 57 Jahren gestorben. Im Nebenzimmer schlief sein 27jähriger Sohn Roger. Lili wohnt in Hamburg. Sie will wissen, ob ich die Leichenrede halten würde. Ich will nicht. Ich bin bei Kurt Goldstein ebenso in Tränen ausgebrochen wie bei Jurek. Ich könnte ohne Geheul nur noch meine eigene Leiche ertragen.

Ich habe Eugen nur drei-, viermal gesehen, einmal in der Schweiz vor sechs Jahren, wo er Petra und mich in das Haus seiner Lebensgefährtin eingeladen hatte. Er war ein liebenswürdiger Gastgeber. Überhaupt mußte man ihn gern haben. Die anderen Male habe ich ihn zufällig im Nachtleben Berlins getroffen, immer in der Nähe eines Klaviers. Wir haben sogar einmal gemeinsam musiziert. Er war rumänischer Herkunft mit ungarischem Akzent, er war vital, freundlich, anhänglich und ein selten guter Jazzpianist. Horst Jankowski hat öfter im Fernsehen mit ihm zusammen gespielt, er soll auch zur Beerdigung spielen. Aber eine Rede will er nicht halten. Lili sagt, Jankowski habe ein schlimmes Lungenkarzinom, es würde ihn vielleicht sein eigenes Elend überkommen, wenn er sprechen müßte.

Ich werde am 15.12. um 12.00 Uhr mit auf den Friedhof gehen. Aber eine Rede kann ich nicht halten. Lili weiß noch nicht, in welcher von zwei Kirchen die Totenfeier stattfinden wird. Eugen gehörte offenbar der russisch-orthodoxen Kirche an, davon gibt es nur zwei in Berlin. Lili wird von Hamburg kommen und bei Helen Vita erreichbar sein. Dort werde ich das Weitere erfahren. Der Sohn kümmert sich inzwischen um die Überführung des Leichnams.

Alle sterben. Rudolf Bahro ist am Freitag gestorben, erst heute kam es in den Spätnachrichten.

Spät in der Nacht einen entzückenden Film über die neunzigjährige, mir bisher leider unbekannte Keramikkünstlerin Hedwig Bollhagen aus Marwitz gesehen. Eine intelligente, gewitzte alte Dame, die ihren Betrieb durch die Nazizeit und durch den Sozialismus gekricht hat. Von den Nazis sagt sie, die seien schlimm gewesen, von den Realsozis sagt sie, ihre hervorstechende Eigenschaft sei ihre Doofheit gewesen. Sie hat wunderschöne Tassen und »Töppe« gemacht.

Di 9.12.97

Heute habe ich auf dem Fahrrad in 3sat den 1973 gestorbenen Österreicher Karl Heinrich Waggerl kennengelernt. Er war Dichter, Buchbinder, Sensendengler und manches andere. Er hat Geschichten und Aphorismen geschrieben. Zum Beispiel »Wer genug hat, hat zu viel«.[18] Feine Sprache. Er schrieb täglich nur neun Zeilen. Will sehen, daß ich mir was von ihm beschaffe.

---

18 Das Originalzitat von Waggerl lautet: »Heutzutage hat keiner genug, weil jeder zu viel hat«.

Frank Beyer war wieder mal hier. Der damalige Requisiteur ist ausgestiegen, also hat Beyer die neue Requisiteurin und noch einmal den Filmausstatter mitgebracht. Wieder marschierten sie alle drei durch beide Wohnungen, machten Fotos von Möbeln, Bildern usw.

Frank Beyer, dieser unersättliche Mensch, wollte obendrein noch eine Kopie meines »Tonbandmitschnitts« anfertigen, was ich ebenso heftig wie endgültig abgelehnt habe. Es muß auch Dinge geben, die es nur einmal gibt. Schon das Deutsche Museum für Geschichte wollte das Band haben. Kommt nicht in Frage.

Natürlich habe ich, teils auf Wunsch anderer, teils aus eigenem Interesse, manches Stottern und Geschwätz weggelassen oder korrigiert. Das von den Teilnehmern an diesem Gespräch autorisierte Ergebnis ist im Buch (»Abgehauen«] nachzulesen. Niemand hat jetzt darin herumzufummeln.

Thate und Domröse hatten ihre Zustimmung verweigert, deshalb sind sie indirekt in meinen Worten wiedergegeben worden.

Einzige Ausnahme ist Eberhard Heinrich, den ich damals nicht auffinden konnte, der aber bis heute keinen Einspruch vorgebracht hat.

Mi 10.12.97

Die »Liebling Kreuzberg«-Folge gestern Abend hieß »Paradies mit Folgen« und war gut gelungen. Franziska Troegner hat eine Frau gespielt, die von einem nach Rußland zurückkehrenden Soldaten für ihre Dienste mit Granaten, Gewehren und Panzerfäusten bezahlt worden ist. Diese Waffen muß Liebling auf legale Weise verschwinden lassen, denn weder findet sich ein Käufer, noch ist ein Verkauf der Waffen erlaubt. Sehr hübsch.

Aber wieder kam der Fußball dazwischen, Spartak Moskau gegen Karlsruhe, bei Spielende 0:0, also mußte verlängert werden, also kamen wir mit Verspätung, die »Tagesschau« wurde auch noch hineingequetscht, also waren es »nur« 5,44 Millionen Zuschauer bei 16,8 % Marktanteil. Das war von allen Quoten des Tages in der ARD zwar immer noch mit Abstand die beste, aber die 7 Millionen haben wir wieder verfehlt.

Frei 12.12.97

Nichts geschrieben. Ich wage mich an die ersten Worte meines »Lebensromans« kaum heran, so »heilig« scheinen sie mir. Vor jedem Satz habe ich Angst. Vor jeder Änderung schrecke ich zurück, ich könnte etwas verderben. Wenn das so weitergeht … Zum ersten Mal sehe ich, wie schwer es Schriftsteller haben müssen.

Sa 13.12.97

Koffer gepackt für die Reise nach Hamburg, die bis Mittwoch dauern wird. Videorecorder für Dienstag eingestellt.

16.25 Uhr Abflug Tegel.

Abgeholt worden von einer Fahrerin, verheiratet, kinderlos, 42 Jahre alt, jünger aussehend, Buchhändlerin gelernt, jetzt arbeitslos, will irgendwann mal anfangen zu schreiben und mir zur Probe eine Geschichte schicken. Eine angenehme, gescheite Frau, irgendwie melancholisch. Wenn ich jünger wäre, wäre ich neugierig.

Im Hotel standen die Bücher zum Signieren in meinem Zimmer bereit.

Abends Treffen mit dem Regisseur, der Telekom-Werberin und einer hübschen Produktionsleiterin von »Markenfilm«. Außerdem war dabei der Kreative von der SEA, der die Texte gemacht hat, soweit ich sie genommen habe. Außer dem Regisseur waren wir alle zum Abendessen im Chinarestaurant »TAO« in der Poststraße, wo die Vorspeisen schmecken und wo wir auf mein dringendes Anraten hin beschlossen haben, alle Telekomspots umzuschreiben.

Nachts noch einen Absacker in der Hotelbar des »Marriott« getrunken.

So 14.12.97

Nach meinen Vorstellungen haben wir den Karpfenspot gedreht. Der Karpfen schwimmt in der Badewanne, M. K. bedankt sich am Telefon für das schöne Silvestergeschenk, trägt das Tier dann aber in einer Plastiktüte durch eine Parklandschaft und schenkt ihm schließlich in einem kalten Winterteich das Leben.

Ein schöner 30-Sekünder fürs Fernsehen.

Die Sprache der Labrador-Eskimos nannte sich »Inuktitut«. Sie stirbt aus. Etwa um 1800 wurden diese Inuit von Herrnhutern ausgebeutet. Dann brachte ein Postschiff die Grippe aus Europa mit, und von dem einst 550 Mann starken Eskimostamm starben neun Zehntel über Nacht dahin. Da zogen die Herrnhuter wieder ab, weil ihnen unverhofft die Menschen, die sie ausgebeutet hatten, abhanden gekommen waren.

Mo 15.12.97

Heute ist Eugen Cicero in Berlin beerdigt worden, und ich konnte nicht hingehen.

Di 16.12.97

Bin an jedem der Drehtage um 9.30 Uhr aufgestanden. Heute gab es zwei 20-Sekünder, das »Kupferkabel« und das »Bildtelefon«, beides gut gelaufen.

Draußen klirrender Frost und Sonne, scharfer Wind weht von einem Rußlandhoch her, in Moskau mit weit unter minus 30 Grad der kälteste 16. Dezember seit über hundert Jahren. Wir haben Glück und drehen in einer gut geheizten Villa in Wedel.

Ich habe ziemliche Schwierigkeiten mit dem Text. Es ist lächerlich.

Am Abend in einem bayrischen Lokal in den Kolonnaden gut und billig gegessen. Gemeinsam alle Funkspots neu geschrieben, sie sind wirklich unter aller Sau. Und den 20-Sekünder für morgen verfeinert, den ich schon umgeschrieben hatte. Das Surfbrett hängt nicht in der Garage, sondern ein leibhaftiger Surfer steht am Elbestrand und übt im eisigen Wind. Ist erheblich komischer. Soll der Mann von der Werbeagentur sein, wie er will, er weiß, was er an mir hat, und das allein ehrt ihn. Freilich, das Leben wird weitergehen, sowohl für die Telekom als auch für die Werbeagentur, wenn sie mich dereinst nicht mehr haben. Aber es wird schwerer werden.

Do 18.12.97

Vorhin sagte ich: »Marlene, du sollst doch nicht immer meinen Füller aufschrauben.«

Da sagt sie: »Marlene war das nicht. Das war die Hand. Die Hand ist gekommen und hat das aufgeschraubt ...«

Sa 20.12.97

Mir fiel auf, daß Otti am Morgen, als ich hinüberging, etwas kühler war als sonst. Sie wollte auch nicht mit auf den Flohmarkt gehen. Als ich Petra anrief, wurde mir klar, warum Otti irritiert war: die beiden waren sich auf dem Hof direkt in die Arme gelaufen. Otti brachte den Müll runter, und Petra kam ihr mit der Kleinen entgegen. Ich habe schon lange damit gerechnet, daß es einmal klappen würde. Sie gingen beide stumm aneinander vorbei.

So 21.12.97

Habe den schönen Christbaum, den Otti gekauft hat, angespitzt, in die Spieldose praktiziert und ihn mit Otti zusammen geschmückt. Er sieht schön aus und dreht sich, und die Spieldose spielt wahlweise zwei weltliche Walzer oder zwei Weihnachtslieder. Alles funktioniert, wie jedes Jahr. Wir haben ihn diesmal mit den sowjetischen Kugeln aus den zwanziger Jahren behängt, die wir neulich auf dem Flohmarkt gekauft haben. Dazu etwas alten Christbaumschmuck aus Gablonz.

Am Nachmittag bin ich mit Petra und Marlene zu meinem Vater nach Hohen Neuendorf gefahren. Er beschäftigt sich nur noch damit, sein Erbe zu verteilen, zu entziehen, umzuverteilen, zu zerstreuen und wieder zusammenzuklumpen. Die wenigen Leute, die er damit noch ärgern kann, ärgert er. Am liebsten würde er das bißchen, was er gerafft hat, mit ins Grab nehmen.

Er vererbt schon seit dreißig Jahren, und immer habe ich ihm gesagt, er soll andere Verwandte bedenken, nicht mich. Und damit ärgere ich ihn. Er haßt mich dafür, daß ich nichts erben will. Prompt brachte er die Sprache wieder einmal auf mich, er sei enttäuscht von mir, von dem albernen Zeug, das ich im Fernsehen machen würde usw. Dann wollte er mir wieder einen Brief zeigen, den er einer Wirtschaftsministerin namens Luft geschrieben hat. Dort hat er sich über das Stahlwerk Brandenburg ausgelassen, es sei beim Bau 1950 schon veraltet gewesen, so ein Werk hätte man 1930 schon abreißen sollen. Ich frage, wann er den Brief denn geschrieben hat. 1990, sagt er. Dann interessiert er mich nicht, sagte ich, 1990 sei ein Jahr gewesen, in dem jeder Hanswurst böse Briefe an die Ministerin habe schreiben können. In Sekundenschnelle hatten wir wieder Krach.

Mein Vater sagt: »Willst du dich als Held aufspielen, weil du vor zwanzig Jahren abgehauen bist?«

Ich: »Nein, weil ich dem Minister vor zwanzig Jahren schon einen Brief geschrieben habe!«

Mein Vater: »Du bist der Partei in den Arsch gekrochen!«

Ich: »Du hast seit 1947 nicht ein einziges Mal aus dem Arsch der Partei auch nur herausgekuckt, um zu sehen, was draußen los ist!«

Mein Vater: »Hab ich das nötig?«

Ich: »Das frage ich mich. Ich bin der einzige Mensch, der dich noch besucht!«

Plötzlich kommt er auf eine Biedermeierlampe zu sprechen, die ich ihm vor zwanzig Jahren wohl geschenkt hatte. Es kann aber auch sein, daß er sie damals einfach mitgenommen hat. Ich weiß es nicht, und es ist mir wurscht.

Jedenfalls sagt er: »Die Scheißlampe kannst du mitnehmen, wenn du willst!«

Ich sage: »In Ordnung, zieh sie aus der Steckdose, ich nehme sie mit.«

Er hat sie aus der Dose gezogen, und weg war sie.

Lieber Gott, laß mich so nicht werden! Oder bin ich schon so? Das Alter verkrüppelt den Menschen, im Kopf sind die Verheerungen am schlimmsten.

Mo 22.12.97

Ich bin abends auf ein Bier ins »Diener« gegangen.

Auf der Rückfahrt sagt der Taxifahrer, ein etwa vierzigjähriger Mann: »Jetzt kann ich endlich mal an der richtigen Stelle danke sagen. Meine Frau und ich haben das Buch ›Jurek Beckers Neuigkeiten‹ gelesen. Wir haben es beide zusammen auf dem Kopfkissen durchgeblättert und gelesen. Es ist ein wunderbares Buch. Danke. Und die in der Buchhandlung wissen das, es liegt gleich neben der Kasse.«

Seit ein paar Tagen wohnt Krista Maria Schädlich nun mit gebrochenem Fuß in München. Sie hat heute angerufen und gesagt, das Buch sei das zweitbestverkaufte in diesem Jahr im ECON Verlag.

Damit hat der Verlag die Vorauszahlung eingespielt. Von jetzt ab kann es nur noch besser werden. Es könnte sogar sein, daß es eines Tages zu den in Deutschland bestverkauften Büchern von Jurek zählen wird.

Di 23.12.97

Bis zu dem heutigen Themenabend auf Arte wußte ich fast nichts über den Mann, der meinen Beruf, den des Filmschauspielers, von dem ich so gut gelebt habe, erfunden hat: Georges Méliès.

Sein Vater Louis war Schuster, später Schuhfabrikant, der Sohn versuchte sich als früher Industriedesigner für Schuhe und Stiefel. Dieser Mann hatte alle Talente, die man sich denken kann. Er wollte Zauberer werden, und da lag es am Ende des 19. Jahrhunderts nahe, daß er den Film entdeckte. Er besorgte sich eine Kamera, baute bald ein Tageslichtatelier bei Paris und fing an, Filme zu drehen. Es waren die ersten Trickfilme, die ersten Science-Fiction-Filme und vor allem die ersten Spielfilme, in denen er richtige Schauspieler von den Theatern holte. Er war selbst sein präzisester Hauptdarsteller, Bühnen- und Kostümbildner, Regisseur, Trickkameramann, Tänzer, Artist und vieles andere mehr. Georges Méliès gehörte zu den Erfindern von Überblendungen, Collagen und Doppelbelichtungen. Bis 1903 war er ohne Konkurrenz. Ich habe heute die wichtigsten seiner Filme gesehen und bin froh, diesen genialen Pionier gerade noch rechtzeitig kennengelernt zu haben.

O Gott, ich weiß nichts. War das schon immer so? Oder habe ich schon mehr gewußt und verliere es jetzt?

Do 25.12.97

Ich habe heute angefangen, ein paar Lücken im Tagebuch zu füllen. Es handelt sich um die dunkle Zeit ab meinem Schlaganfall bis zur Entlassung aus der Rehaklinik. Das wird einige Tage dauern.

Frei 26.12.97

Habe auf BI einen zweiteiligen Film über den Herzog von Windsor gesehen, der 1936 den Königsthron von England für eine schlanke amerikanische Dame namens Wallis Simpson hatte sausen lassen. Das ist nicht zu viel verschenkt, wenn man bedenkt, daß der Herzog nicht weniger haben wollte als eine liebe Mami, die er auch mit dem Kraulen seiner komplizierten königlichen Testikel betrauen konnte. Statt sich stolz an seinem Mädel zu erfreuen, verbrachte er ein nichtsnutziges Leben damit, die Verwandtschaft anzuschmollen.

Sa 27.12.97

Vormittags beim Radfahren den Amifilm »Liebling, ich werde jünger« von 1952 mit Marilyn Monroe und dem vor lauter Komik ganz versteiften Cary Grant gesehen. Der Film ist eine Art Weihnachtsklassiker und wird von Einstellung zu Einstellung immer blöder. Einziger Lichtblick, und dafür lohnt sich der ganze Film, ist die wunderbare junge Monroe in einer kleinen Rolle. Ich habe stets, wenn überhaupt, nur zufällig auf ihre Brüste gekuckt, das würde mich von ihrem Gesichtchen und dem entzückenden Mund ablenken. Ewig könnte ich auf diesen Mund sehen, wie wunderbar, daß der Film ihn für alle Zeiten bewahrt.

Abends mit Otti den neuen Fernsehfilm »Der Hauptmann von Köpenick« gesehen. Das Drehbuch hat Wolfgang Kohlhaase nach dem Zuckmayer-Stück geschrieben. Bei Kohlhaase auf der Datsche habe ich Beyer angerufen und ihm gratuliert. Ich dachte, ein dritter Film nach dem Stoff sei vielleicht überflüssig, aber obwohl Beyer nicht mehr als zweiundzwanzig Drehtage hatte, war seine Version die schönste. Guter Rhythmus, keine Längen, keine doofe Musik, schöner Sprachton, Liebe zum Detail, Requisiten, Kostüme, Ausstattung, alles gut. Juhnke ist ein feiner Schauspieler, und alle konnten mithalten. Kathi Thalbach, Hermann Beyer, Rolf Hoppe, Jürgen Hentsch, Gerry Wolff, Udo Samel – alle.

Von Moeses habe ich erfahren, daß Klaus Poche morgen mit seiner Frau angereist kommt. Eigenartig, der Poche, alle Furz lang ruft er hier an, um sein Herz auszuschütten und über seine Krankheiten zu räsonieren, aber wenn er in Berlin ist, läßt er nichts von sich hören.

So 28.12.97

Moeses kamen abends mit Klaus und Helga Poche zu Besuch, wie haben Resteessen gemacht. Poche ist siebzig Jahre alt, Helga achtundfünfzig, sie sehen beide bestens erhalten aus.

Poche erinnert sich an mich als an einen Kerl, der in jungen Jahren das ganze Pressecafé am Bahnhof Friedrichstraße dominiert habe. Er weiß tausend Geschichten über mich zu erzählen, von denen allerdings die meisten Legenden sind. Wir beschließen, bei Gelegenheit zusammenzutreffen und ein Tonband mitlaufen zu lassen. Er sagt, er würde die Geschichten auch aufschreiben, wenn es mir recht wäre. Ich ahne, daß nichts daraus wird.

Poche erinnert sich, vor vierzig Jahren einmal eine Geschichte von mir gehört zu haben, die ihn sehr beeindruckt habe, »Menschen im Netz« habe diese Geschichte geheißen. Es habe sich nämlich um Kriegsversehrte gehandelt, die man nur in Tragenetzen habe transportieren können. Mir wird klar, daß es sich dabei nur um eine Geschichte handeln konnte, die ich einmal mit zweiundzwanzig Jahren für Ottilie geschrieben hatte. Sie hieß »Das Fleischpaket«. Damals nahm Ottilie während des Studiums Franz Kafkas »Die Verwandlung« durch und hatte eine perfekte Erklärung parat, warum der Meister diese Geschichte geschrieben hat. Er wollte in einer Art Parabel die Hilflosigkeit des ausgebeuteten Menschen zeigen. Ich fand, dazu hätte er sich nicht den gruseligen Käfer in allen Einzelheiten ausdenken müssen. Hilflosigkeit könne man auch ganz direkt beschreiben, ich würde gelegentlich einen Versuch machen. Ob es diese Geschichte noch gibt, weiß ich nicht. Ich werde sie suchen.

Jurek muß einen alten Durchschlag von »Das Fleischpaket« gehabt haben, und er muß dem Thomas Brasch die Geschichte einmal vorgelesen haben, denn auch Brasch äußerte sich vor fünfzehn Jahren einmal lobend über die Geschichte, war aber nicht bereit, mir zu sagen, woher er sie hatte.

Poche hat mich leise gefragt, ob ich Interesse an einem potenzstärkenden Mittel hätte, das er beschaffen könne. Ich habe nein gesagt.

Mo 29.12.97

Das mag als Eintragung für einen ganzen Tag nicht gerade viel sein: Wenn du im Fernsehen einen Hubschrauber siehst, zappe gleich weiter, es lohnt sich nicht, den Film zu sehen. Wenn du einen Mann siehst, der mit beiden Händen eine Pistole festhält, kannst du auch wegzappen. Und die meisten Szenen, in denen ein Mann eine Pistole mit nur einer Hand festhält, kannst du auch wegzappen.

In den USA, z. B. in Los Angeles, aber auch in fast allen anderen Städten, ist die Hölle los. Dort fliegen Helikopter den ganzen Tag über die Straßen, um Banküberfälle, Brandstiftungen, Schießereien usw. live im Fernsehen zu übertragen. Amerika ist ein Riesenscheißhaufen.

Di 30.12.97

In der neuen »Zitty« sollen ein paar häßliche Bemerkungen von Hilmar Thate zu lesen sein. Er hat sich über den TV-Film »Abgehauen« ausgelassen. Mal sehen, ob ich das noch kriege.

Mi 31.12.97

Auf 3sat aus Hamburg eine Wiederholung von 1987 gesehen, vor Publikum die Sendung »Brecht/Weill«. Hier sieht man, was die sogenannten Popkünstler für einen Zauber machen können. Gianna Nannini, wie schön, wie großartig, wie tief gefühlt. Eine große Künstlerin, und das ist es, was sie »pop« macht. Sting, wie der singt, was für eine glockenreine Intonation, welch ein Charme. Man sieht ihn beim Singen denken, man sieht, wie er die Töne vordenkt, man sieht, wie er die Intervalle genießt, noch ehe er sie hörbar macht. Und plötzlich zeigt sich, daß das gefürchtete Hamburger Publikum gar nicht so stur ist. Da können manche Gestaltungsartisten an den Theatern lernen, wie »Popkünstler« dem Text und der Melodie vertrauen und sich scheinbar um mehr nicht kümmern als um diese beiden. Und das reicht.

Nachwort

Tagebuchaufzeichnungen von Manfred Krug. Diesmal aus den Jahren 1996 und 1997.

Mir ist, als ob ich ohne Vorwarnung in die Vergangenheit geschleudert werde. Denn: Mit einem Tagebuch fing alles an.

Freitag, 6. Mai 1977, Stillerzeile 5, Berlin-Friedrichshagen, Untermietszimmer mit Küchen- und Badbenutzung meiner Freundin Edda Bauer.

An diesem Tag trafen sich hier Schriftsteller aus Ost und West, um sich Texte vorzulesen und über sie zu sprechen. Diese Treffen gab es seit Mai 1974 mit wechselnder Besetzung in verschiedenen Wohnungen in Ost-Berlin: viermal bei uns in Berlin-Köpenick, zweimal im Haus von Günter Kunert in Berlin-Buch, zweimal bei Sarah Kirsch auf der Fischerinsel in Berlin-Mitte, zweimal bei Edda Bauer, um nur einige Orte zu nennen. Wir, Hans Joachim Schädlich und ich, waren bei jedem Treffen dabei – es waren fünfzehn insgesamt, das letzte fand am 18. November 1977 bei Erich Arendt in der Raumerstraße statt.

Natürlich wurden diese Schriftstellertreffen von der Stasi argwöhnisch beobachtet: Sie verfolgte die Ankommenden aus dem Westen vom »Tränenpalast« am S-Bahnhof Friedrichstraße bis zum jeweiligen Treffpunkt, wartete stundenlang in Autos vor den jeweiligen Häusern, setzte Richtmikrophone ein, hörte mit, schrieb Berichte. Einen Spitzel einzuschleusen, war ihr, trotz intensiver Anstrengungen, nie gelungen.

An diesem 6. Mai, dem 13. Treffen, versammelten sich in dem einzigen Zimmer in der Stillerzeile 5 nach und nach Günter Grass und seine spätere Frau Ute Gruner, Marianne Frisch, die französische Journalistin Nicole Casanova, Christoph Meckel, Hans Christoph Buch, Rolf Haufs, Elke Erb, Klaus Schlesinger, Sarah Kirsch, Klaus Poche, Johannes Schenk, Natascha Ungeheuer, Hans Joachim Schädlich und ich.

Einer fehlte noch: Jurek Becker, und mit ihm kam sein Freund Manfred Krug. Das verblüffte die Anwesenden, denn Manfred Krug war den Ost-Beteiligten zwar als Schauspieler und Sänger sehr bekannt, nicht unbedingt denen aus dem Westen, vor allem aber, er war kein Schriftsteller.

Ich erinnere mich, dass Manfred Krug, den ich in vielen Rollen auf der Leinwand gesehen hatte, seltsam unsicher, fast linkisch in dem verrauchten, mit geliehenen Stühlen vollgestellten Zimmer stand und darum bat, eine Blutwurst, die er sich als Wegzehrung mitgebracht hatte, in den Kühlschrank legen zu dürfen. Das wäre unnötig gewesen, denn es wurde nicht nur gelesen und diskutiert, sondern immer auch getafelt. Meine Notizen geben her, dass es zum Mittag chinesisches Huhn auf Porree gab, am Nachmittag Vanillekipferl und Apfeltaschen, am Abend Pizza und griechischen Hering – alles von eigener Hand zubereitet. Und es wurde viel getrunken. Für harte Getränke sorgten die Gäste aus dem Westen.

Es gab ein Ritual bei diesen Werkstattgesprächen: Jeder Schriftsteller schrieb seinen Namen auf einen Zettel, warf ihn in einen Hut, dann wurde gezogen, und derjenige, dessen Name auf dem Zettel stand, war mit Lesen an der Reihe. Auch Manfred Krug schrieb seinen Namen auf einen Zettel, warf ihn in den Hut, so dass jeder wusste, auch er würde etwas lesen.

Festgelegt war: Lesezeit 15 Minuten, danach 15 Minuten Diskussion. Es ging hart zu. Nichts wurde beschönigt, und manchmal kam es sogar zu Ausbrüchen oder Handgreiflichkeiten, wenn einer der Autoren sich ungerecht beurteilt fühlte oder meinte, die Ablehnung seines Textes hätte mit politischen Differenzen zu tun, nicht aber mit der literarischen Qualität.

An diesem Tag gerieten sich Günter Grass und Johannes Schenk so in die Haare, dass schon befürchtet wurde, das Treffen müsse vorzeitig beendet werden. Die Schlichtung war besonders schwierig, weil nur dieses einzige Zimmer zur Verfügung stand und jedes Aufsehen vermieden werden musste. Dass wir alle unter Beobachtung standen, war längst zu vermuten.

Wann Manfred Krug seinen Namen hörte, weiß ich nicht mehr. Er fing an zu lesen, aus einem Tagebuch, das er an dem Tag zu schreiben begann, an dem er seinen Ausreiseantrag im Rathaus Pankow, Abteilung Innere Angelegenheiten, abgegeben hatte, am 19. April 1977, 10.15 Uhr, einem Dienstag, drei Wochen zuvor.

Er las, seine Stimme füllte den Raum, von seiner Angst und seinem Mut, von seinen Gesprächen mit Werner Lamberz, Mitglied des Politbüros des Zentralkomitees der SED, mit Karl-Heinz Gerstner, der »milden Ausgabe von Karl-Eduard von Schnitzler«, mit dem Kulturminister Hans-Joachim Hoffmann – sie alle wollten ihn zur Rücknahme seines Ausreiseantrages bewegen. Er las von Begegnungen mit Schauspielern und Freunden in seinem Haus, vom schmerzhaften Abschied und von der Ungewissheit, was werden würde.

Die 15 Minuten waren verstrichen, aber niemand gebot Einhalt. Nach 1 ½ Stunden, in denen keiner den Raum verlassen hatte, war Manfred Krug bei seiner vorerst letzten Zeile angelangt.

Stille. Große Betroffenheit bei uns Ostlern. Niemand hatte diese persönliche und schonungslose Abrechnung erwartet. Elke Erb war übel geworden, weil sie die direkte Politisierung nicht aushielt. Rolf Haufs hätte der Text, wie er uns später nachts am Telefon mitteilte, »kaputt gemacht«. Er befürchtete die Tendenz zur Kunstlosigkeit, zum Naturalismus, und man hätte mehr darüber reden müssen, welche literarischen Mittel geeignet seien, um Probleme einer Gesellschaftsordnung sichtbar zu machen.

Jedenfalls, die Meinungen waren gespalten. Die DDR-Schriftsteller erkannten den Sprengstoff, erkannten, auf welches Glatteis sich Krug mit seinen Aufzeichnungen, in welche Gefahr er sich begab. Die westlichen Schriftsteller, bis auf Günter Grass, der Manfred Krug elf Tage später privat aufsuchte, sahen ihre Hoffnung von der DDR als »besserem Teil Deutschlands« – trotz Biermann-Ausbürgerung im November 1976, trotz der Schikanen, denen sich etliche DDR-Schriftsteller nach ihrer Unterzeichnung unter eine Petition, die sich gegen die Ausbürgerung Biermanns aussprach – bedroht.

Fast ausweichend ging es in der anschließenden Diskussion hauptsächlich darum, ob der Text Kunst sei und was Kunst leisten müsse. An der politischen Brisanz jedenfalls ging die Diskussion vorbei.

Ich erinnere mich noch genau an meine Reaktion: Ich wusste schon damals, dass dieses Tagebuch erscheinen musste, egal wann. Nicht nur, dass ausgerechnet er, einer der beliebtesten Schauspieler, am eigenen Leib die existenzzerstörende Maschinerie des DDR-Apparates erfahren musste, sondern weil der Text von einer sprachlichen Wucht und Genauigkeit war, wie sie nur ein guter Schriftsteller zu leisten imstande ist.

Manfred Krug, dem seit seinem entschlossenen Auftreten gegen die Biermann-Ausbürgerung jede Arbeitsmöglichkeit im Film und jeder Auftritt als Sänger untersagt worden waren, wurde im August 1977 nach vergeblichen Bemühungen des DDR-Staates, ihn mit Angeboten wie beispielsweise einem Aufenthalt in Mosambik zum Bleiben zu bewegen, die Ausreise in die Bundesrepublik zusammen mit seiner Familie gestattet.

Die Nachricht, Manfred Krug verlasse die DDR, verbreitete sich schnell, aber die meisten erfuhren von seiner Ausreise erst aus dem Westfernsehen, als er nach dem Grenzübertritt von dem ZDF-Journalisten Dirk Sager interviewt wurde. Ein Schock für sein Publikum. Er war ein beliebter Künstler, ein jeder kannte ihn, er war ein Volksheld.

Zu seinem Abschiedsfest im Haus seines später als Spitzel enttarnten Freundes Manfred Salow waren auch wir, Hans Joachim Schädlich und ich, eingeladen. Ausgelassene und bedrückende Stimmung. Wir selber wussten noch nicht, wie es weitergehen würde. Nach großem Ringen wurde uns nach der Publikation des ersten Buches von Hans Joachim Schädlich, »Versuchte Nähe«, das im August 1977 im Rowohlt Verlag erschienen war, im Dezember desselben Jahres schließlich die Ausreise in die Bundesrepublik gestattet. Ein Tag, der unser aller Leben verändern sollte.

Mit Manfred Krug befreundet und in Verlagen der Bundesrepublik als Lektorin angestellt, besuchte ich ihn oft in West-Berlin, erst in der Martin-Luther-Straße, später in seiner neuen Wohnung, immer mit der Frage: Wann? Manfred Krug zögerte, er wollte niemanden gefährden. Dann fiel die Mauer, Manfred Krug zögerte immer noch. Er, der Unbestechliche, misstraute der literarischen Qualität.

Jahre später – Manfred Krug war längst im Westen angekommen, hatte sich nach der Fernfahrerserie »Auf Achse« als Tatortkommissar Stöver auch das westliche Publikum erobert, der Hamburger »Tatort«, inzwischen mit Charles Brauer als zweitem Hauptkommissar Brockmöller an seiner Seite, war ein sonntäglicher Straßenfeger – klingelte an einem Sonntag, ich erinnere mich genau, in der oberen Etage meiner Düsseldorfer Maisonette-Wohnung das Telefon.

Als ich Manfred Krug auf das Band des Anrufbeantworters sprechen hörte, hechtete ich die Treppen hinauf und bekam ihn noch ans Ohr.

Er sagte: »Jetzt kannst du es haben.«

Neunzehn Jahre nach seiner Lesung in der Stillerzeile 5 bei meiner Freundin Edda Bauer durfte ich das Tagebuch im ECON Verlag herausbringen. Unter dem Titel »Abgehauen« erstürmte es die Bestsellerlisten und gilt seitdem als *das* Buch über die untergegangene DDR.

In Dresden, bei einer der großen Lesetouren, wurde Manfred Krug gefragt, warum im ECON Verlag, jeder andere Verlag hätte das Buch doch auch herausgebracht. Er sagte, er hätte es mir vor langer Zeit versprochen: Wann immer er sich dazu entschlösse, würde er es in dem Verlag publizieren, in dem ich sei. Er hat Wort gehalten.

Die jetzt als Buch erschienenen Tagebücher aus den Jahren 1996 und 1997 hat Manfred Krug zu Lebzeiten gehütet wie seinen Augapfel. Niemand hatte Einblick, noch wusste jemand davon.

Nach dem Tod von Ottilie Krug, deren Sterbedatum sich im Oktober 2021 jährte, fanden seine Kinder die Aufzeichnungen und entschlossen sich nach einem schweren Prozess der Abwägung, sie den Lesern nicht vorzuenthalten. Grund für den Entschluss war eine Bemerkung vom 2.12.1997, die wie eine Aufforderung klingt.

An dem Tag hatte Manfred Krug notiert:

»Mir fällt ein: sollte ich schneller wegsterben als erhofft, und sollte sich ein Verlag finden, der diese Notizen drucken will, so wäre es gut, wenn ein ordentlicher Schreiber das Ganze ein bißchen einköcheln würde.«

Die Tagebücher waren also von vornherein von ihm für die Öffentlichkeit gedacht.

Der vorliegende Band bietet, in der alten Rechtschreibung belassen, eine Auswahl der Tagebucheintragungen aus diesen beiden Jahren. Von seinen Erben, den Kindern Daniel und Stephanie Krug, Marlene Duda und dem Enkel Julius Krug als langjährige Vertraute von Manfred und Ottilie Krug, mit der Herausgabe betraut, war für mich oberster Grundsatz: Fast nichts an Manfred Krugs Worten wurde geändert, aber falsche Schreibweisen von Namen und faktische Fehler wurden korrigiert. Manchmal musste ich mich zu Kürzungen innerhalb der Passagen entschließen, denn allzu Privates sollte, im Sinne von Manfred Krug und seiner Erben, privat bleiben.

Diese Balance zwischen Privatem und dem, was sich in diesen zwei Jahren im Beruf und dem Leben ereignet hatte, galt es zu halten, um einen Krug sichtbar zu machen, wie ihn nur wenige kennen. Nämlich nicht nur den um kein Wort verlegenen, energischen »Haudegen«, sondern auch den sensiblen, zärtlichen, empfindsamen Nachdenklichen, den Menschen Krug.

Die erste Eintragung vom 14.1.1996 – ein Paukenschlag: Beinahe zufällig entdeckte seine Ehefrau Ottilie das bislang von Manfred Krug geheim gehaltene Doppelleben.

Wer kommt dem Leser in diesen Tagebüchern entgegen?:

Der Privatmann.

Der erfolgreiche Schauspieler und Publikumsliebling.

Der Großspurige, um keine Antwort Verlegene.

Der Kritiker und »Pingelkopp« bei der Durchsicht der »Tatort«-Drehbücher.

Der am Boden Zerstörte, der den Tod seines geliebten Freundes Jurek Becker betrauern musste.

Der Erstaunte nach der öffentlichen Resonanz von »Abgehauen«.

Der Zweifelnde, was seine literarische Gestaltungskraft anging.

Der Sammler – Flohmärkte zogen ihn magisch an. Die Wohnung füllte sich mit lauter unnützen Dingen, wie er meinte, aber schön waren sie, die alten Bücher, die alten Werkzeuge, die er sorgfältig reparierte und auf Hochglanz polierte, die Teppiche und Bilderrahmen.

Der Getroffene. Mit erschütternder Genauigkeit bis zur Schmerzgrenze versuchte er, allerdings Monate später, den Tag, an dem er einen Schlaganfall erlitt, zu erinnern, auch die Ereignisse danach und den mühsamen Weg zurück ins Leben.

Dass manches dem Leser mitunter nicht ganz glaubhaft erscheinen mag, zum Beispiel, dass er schon sechs Tage später, der

Sprache nicht mächtig, auf Nachfrage eines Hamburger Arztes wütend den Grund für sein Fehlen am »Tatort«-Set gesagt haben will – »Ein Schlaganfall ist los. Bitte lassen Sie sich in Gottes Namen von den Ärzten die Unterlagen kopieren« –, kann an seiner Empörung im Nachhinein gelegen haben.

Seine größte Sorge war, dass der Schlaganfall seine Fähigkeit zu singen beeinträchtigt haben könnte. Gerade hatte er mit Charles Brauer angefangen, den Hamburger »Tatort« mit singenden Kommissaren einzigartig und unverwechselbar zu machen.

Dass Manfred Krug in der DDR eine Jazzgröße gewesen war, wussten im Westen nur die Wenigsten. Aber in den östlichen Landesteilen war ihm bei Lesungen aus »Abgehauen« immer wieder der Ruf entgegengeschallt: Singen, singen. Seine Platten waren in der DDR »Bückware«, das heißt, man hatte sie nur unter dem Ladentisch verkauft bekommen, und seine Konzerte waren immer ausverkauft gewesen.

Öffentlich singen, das wolle er niemals wieder, antwortete er dann, aber dann hatte er im »Tatort« doch wieder damit begonnen.

Welch schöne Begegnungen waren die Feste, die er in seiner Wohnung feierte und die seine Ehefrau Ottilie großartig ausrichtete. Ich war oft dabei, auch bei seinem »Wiedergeburtsfest«, wie er es nannte, am 16.8.1997, als auf der Terrasse der Krugs, umringt von vielen »Ehemaligen«, Inge Heym eine Geschichte über den Versuch eines Brunnenbaus in ihrem Garten erzählte, der fast zum Abriss des Hauses geführt hatte – und ihr Mann immer mürrischer wurde, weil wir ihr gebannt zuhörten und er nicht zu Wort kam.

Manfred Krug umgab sich gerne mit den Freunden von früher, er hat sie nie vergessen und hielt ihnen die Treue. Etwas, was ihn auch auszeichnete.

Weil er nach dem Tod seines Freundes im Sortieren der Postkarten an ihn und Ottilie Trost fand, denn beim Ansehen und Abschreiben der Karten war Jurek da, war er lebendig und bei ihm, ging Manfred Krug noch einen Schritt weiter: Er veröffentlichte die Karten in dem Buch »Jurek Beckers Neuigkeiten an Manfred Krug & Otti« – ein berührendes Dokument einer Freundschaft und Liebe mit den kürzesten Texten, die Jurek Becker geschrieben hat.

Wie Manfred Krug seinen beruflichen und privaten Zwiespalt in den vorliegenden Tagebucheintragungen nicht verschwieg, verbarg er auch nicht seine Überwältigung beim Anblick seines letzten Kindes. Niemals zuvor hat der Leser Manfred Krug so staunend, behutsam und zärtlich kennenlernen dürfen – er war hingerissen vom Zauber dieser späten Liebe.

Dass der beliebte Film- und Fernsehstar auch Gedichte und Kurzgeschichten verfasste, musste nicht verblüffen, wohl aber die Angst eines Manfred Krug vor der Literaturkritik. Immer sagte er, er sei Schauspieler, vielleicht auch Sänger, aber kein Schriftsteller, und es bedurfte vieler Worte, um ihn von etwas anderem zu überzeugen.

Geglaubt hat er einem nie!

Das Schreiben ließ er trotzdem nicht. Schon hatte er angefangen, über ein weiteres Buch nachzudenken, seine Memoiren.

November 2021, Krista Maria Schädlich

Im zweiten Band seines grandiosen Tagebuchwerks schildert der große Schauspieler, Sänger und Autor zwei ereignisreiche Jahre. Wir begegnen einem Mann im Zenit seiner Coolness und Gedankenschärfe, der zunehmend Abschied nehmen muss.

Nach zwei verlustreichen Jahren möchte Manfred Krug sein Leben ändern. Er will den Kerl, der er ist, »neu erfinden«. So entfernt er sich von der Mutter seines nachgeborenen Kindes und kann die lange Trennung von der kleinen Marlene kaum ertragen. Er leidet unter seiner eigenen Widersprüchlichkeit und der angeschlagenen Gesundheit. Seit seinem Schlaganfall hat er verstörende Träume, in denen sein verstorbener Freund Jurek Becker, Frauen und Kollegen auftauchen und er seinen Urängsten begegnet. Er schreibt sie alle auf und liefert literarische Kostbarkeiten. Sein Vater stirbt, auf dem Balkan tobt ein blutiger Krieg, in Russland wird Putin Ministerpräsident. Fassungslos und doch genau schreibt das Kriegskind Manfred Krug auf, was sich wie ein Déjà-vu unserer Gegenwart liest.

»Fulminante Tagebücher […] denn neben melancholischen, rebellischen, miesepetrigen und oft saukomischen Betrachtungen ist er ein minutiöser Protokollant nicht nur seiner selbst, sondern deutscher Zustände am Ende des vorigen Jahrhunderts.«

Alexander Cammann, DIE ZEIT

kanon verlag